OPTIMUM

Collection dirigée par Fabien Fichai

CW01653773

Speak English? Yes You Can!

La méthode d'anglais pour les Français

Olivier LEFEBVRE

Professeur d'anglais indépendant

Créateur de l'école d'anglais Standard-English Orléans

ellipses

ISBN 9782340-005501

32, rue Bargue 75740 Paris cedex 15

www.editions-ellipses.fr

Avant-propos

La langue anglaise doit être envisagée comme *une science à part entière*. Cette donnée modifie complètement l'approche permettant d'apprendre et de comprendre cette langue. Il est réellement possible *d'accéder à l'anglais de façon logique*, tout comme un et un font deux.

Le système anglais, *appréhendé sous cet angle nouveau*, devient tout à fait accessible aussi bien par l'apprenant débutant que par l'utilisateur plus avancé souhaitant se perfectionner afin d'atteindre une excellente maîtrise de la grammaire anglaise. Ce manuel est donc construit de façon à *apprendre l'anglais dans un ordre chronologique d'apprentissage,* en partant des Présents jusqu'à un niveau de langue avancé.

L'enjeu de *cette méthode*, et c'est sur ce point que réside toute la différence, était de comprendre les *deux codes linguistiques afin de créer des parallèles, des passerelles* entre les deux langues.

La question était « *Comment rejoindre l'anglais à partir du français ?* »

Il était tout aussi important d'utiliser des *explications simples et claires*, avec des mots compréhensibles par tous. Les exercices corrigés suivent cette logique.

Cette méthode propose un *accompagnement aussi bien théorique que pratique*. Elle est entièrement explicative puisque chaque *point abordé est conclu par des exercices d'applications entièrement guidés* au cours desquels les questions à se poser afin de faire le bon choix concernant la syntaxe sont fournies. L'apprenant aura le *sentiment d'avoir un professeur à ses côtés.*

Ce manuel est donc un véritable guide quant à la façon de penser l'anglais en tant que francophone.

Laissez-vous guider au fil des chapitres afin *de comprendre l'univers anglais* et vous apercevoir que tout ce *système grammatical est construit sur la même logique*, une logique que l'anglais reproduit à chaque temps.

Le soulignement au sein de l'ouvrage correspond :

- au temps français/anglais ;
- à la forme grammaticale du temps français/anglais ;
- aux « marqueurs de temps ».

1. Le présent progressif

C'est le présent du moment en anglais. Comme son nom l'indique, il est en cours, en progression. On observe une différence nette avec le présent simple.

Pour un locuteur anglais le « présent progressif » est le vrai présent puisqu'il a lieu au moment précis de son utilisation, c'est pourquoi on le nomme aussi le « présent du moment ».

On peut l'appréhender dans divers manuels sous l'appellation de présent en Ing ce qui est faux puisqu'il se forme de To be + Ing.

L'auxiliaire « être/To be » est donc essentiel à sa formation car pour « en train de… » il faut « être ». Être en train de…

La terminaison d'un verbe en Ing sans être associé à l'auxiliaire « être » ne constitue pas un temps mais un gérondif. (nous étudierons le gérondif dans un autre chapitre).

Formule affirmative

Le présent progressif se forme donc avec l'auxiliaire To Be (être) plus une terminaison en Ing sur un verbe d'action (To play : jouer) ou de perception (To listen to : écouter).

Seules ces deux classes de verbes peuvent être en progression. On peut être en train d'écouter ou de manger, de jouer. L'action est en progrès, en cours.

To Be signifie donc « être » et Ing en train de…

> *I am working.* = Je suis en train de travailler.

On peut décomposer cette formule ainsi :

- I am : être à la première personne du singulier au présent donc « Je suis ».
- To Work : travailler (l'infinitif)
- Ing : en train de…

On retrouve bien dans « I am working » la formule :

→ Sujet + To be + verbe + Ing.

La terminaison Ing est toujours associée au verbe d'action ou de perception.

Pour conjuguer un présent progressif, il est donc nécessaire de connaître la conjugaison de To Be au présent.

I am working. = Je suis en train de travailler.
He is working. = Il est en train de travailler.
We are working. = Nous sommes en train de travailler.

Formule question

Rappel de la formule pour poser une question en anglais à tous les temps :

→ Auxiliaire + sujet + verbe.

Le présent progressif se forme à partir de la formule « To Be + un verbe en Ing ».

« To Be » ayant une fonction d'auxiliaire, on l'utilisera dans la composition de la formule inévitable de la question en anglais :

→ Auxiliaire + sujet + verbe.

Illustration de la règle

→ Auxiliaire + sujet + verbe
To Be + sujet + verbe en Ing
Are + you + working ? = Est-ce que tu es en train de travailler ?

Exemple additionnel

Est-ce qu'il est en train de travailler ? = *Is he working?*
Est-ce qu'ils sont en train de travailler ? = *Are they working?*

On remarque que dans la formule auxiliaire (To Be) + sujet + verbe (en Ing), seule la conjugaison de l'auxiliaire To Be change « am, is, are ».

« To Be » traduit non seulement « est-ce que » mais aussi « être » qui fait partie de la formule globale du présent progressif « To be + verbe en Ing »

Is + he + working?
Est-ce qu' + il + en train de travailler ?
+ est

Formule négation

Afin d'effectuer la négation au présent progressif, il suffit de repartir de la formule en To Be + Ing et d'y ajouter un Not.

La formule générale de la négation en anglais est :

→ Sujet + auxiliaire + not + verbe.

Formule :

→ Sujet + To Be + not + verbe en Ing

Illustration

He is not working. = Il n'est pas en train de travailler.
We are not working. = Nous ne sommes pas en train de travailler.

Tout comme pour la question, seul To Be est conjugué, on constate que le reste de la formule ne change pas.

To Be + not traduit Ne… pas mais aussi « être » qui fait partie de la formule globale.

On peut aussi effectuer la négation à partir de la contraction de To be et de Not, la négation sera réalisée de la façon suivante.

I'm not working
You aren't working (are + not)
He, she, it isn't working (is + not)
We aren't working (are + not)
You aren't working (Are + not)
They aren't working (Are + not)

Cette forme est la plus répandue dans l'anglais courant et est connue sous le nom de contraction.

Il n'y a pas précisément de marqueur excepté « now » (maintenant) mais on trouve souvent des indications telles que Look, Listen, Oh… etc. en début de phrase…

Ces mots ou verbes permettent de comprendre que l'action se déroule maintenant mais en général, le bon sens ou la situation suffit amplement pour comprendre si l'action se déroule au moment où on l'évoque.

Listen, I am playing guitar. = Écoute, je suis en train de jouer de la guitare.

« Listen » nous indique que l'action est en cours de déroulement.

On peut trouver l'adverbe de fréquence Always (toujours) généralement associé au présent simple, le présent d'habitude.

La logique de la grammaire anglaise répond quelques fois à des situations.

Avec « Always/toujours » utilisé au présent progressif, l'action est bien en train de se dérouler mais on insiste sur l'aspect répétitif de cette dernière.

He is always playing piano. = Il est toujours en train de jouer du piano.

Ici, c'est donc bien une question de situation. Il joue du piano (en ce moment) certes mais cette activité en cours a pourtant bien un aspect habituel et répétitif, (always/toujours).

Exercices

Phrases affirmatives

1. *He .... to the music in his car. (To listen to)*
2. *I .... in the kitchen with my friends. (To eat)*
3. *You .... in the woods. (To run)*
4. *She .... in the neighbourhood. (To walk)*

Phrases interrogatives

1. *.................. he .... (To listen to) the music in his car.*
2. *.................. she .... (To eat) with her friends in the kitchen.*
3. *.................. you .... (To run) in the woods.*
4. *.................. she .... (To walk) in the neighbourhood.*

Phrases négatives

1. *He .... (To listen to) the music in his car.*
2. *She .... (To eat) in the kitchen with her friends.*
3. *You .... (To run) in the woods.*
4. *She .... (To walk) in the neighbourhood.*

Corrections

Phrases affirmatives

1. *He is listening to the music in his car.* = Il écoute la musique dans sa voiture.

   L'action se passe en ce moment donc (To Be + Ing). Il suffit de conjuguer To Be au présent à la troisième personne du singulier (is) et d'ajouter Ing (Entrain de) au verbe.

2. *I am eating in the kitchen.* = Je suis en train de manger dans la cuisine.

   L'action se passe en ce moment donc (To Be + Ing). Il suffit de conjuguer To Be au présent avec le sujet I (am) et d'ajouter Ing (en train de) au verbe.

3. *You are running in the wood.* = Tu es en train de courir dans les bois.

   L'action se passe en ce moment donc (To Be + Ing). Il suffit de conjuguer To Be au présent avec you (are) et d'ajouter Ing (en train) au verbe.

4. *She is walking in the neighbourhood.* = Elle est en train de marcher dans le quartier.

   L'action se passe en ce moment donc (To Be + Ing). Il suffit de conjuguer To Be à la troisième personne du singulier (is) et d'ajouter Ing (en train de) au verbe.

Phrases interrogatives

1. *Are you listening to the music in your car?* = Est-ce que tu es en train d'écouter la musique dans ta voiture ?

   C'est une question et l'auxiliaire est To Be au présent. On applique la formule To Be + sujet + verbe Ing. Avec you (To Be = are).

2. *Is she eating with her friends in the kitchen?* = Est-ce qu'elle est en train de manger dans la cuisine avec ses amis.

   C'est une question et l'auxiliaire est To Be au présent. On applique la formule To Be + sujet + verbe en Ing. Avec she (To Be = is).

3. *Are you running in the wood?* = Est-ce que tu es en train de courir dans les bois ?

   C'est une question et l'auxiliaire est To Be au présent. On applique la formule To Be + sujet + verbe en Ing. Avec you (To Be = are).

4. *Is she walking in the neighbourhood?* = Est-ce qu'elle est en train de marcher dans le quartier ?

   C'est une question et l'auxiliaire est To be au présent. On applique la formule To Be + sujet + verbe en Ing. Avec she (To Be = is).

Phrases négatives

1. *He isn't listening to the music in his car.* = Il n'est pas en train d'écouter de la musique dans sa voiture.

   C'est une négation et l'auxiliaire est To Be au présent. On applique la formule sujet + To Be + not + verbe en Ing. Avec he (To Be = is).

2. *She isn't eating in the kitchen with her friends.* = Elle n'est pas en train de manger avec ses amis dans la cuisine.

   C'est une négation et l'auxiliaire est To Be au présent. On applique la formule sujet + To Be + not + verbe en Ing. Avec she (To Be = is).

3. ***You aren't running in the wood.* = Tu n'es pas en train de courir dans les bois.**

   C'est une négation et l'auxiliaire est To Be au présent. On applique la formule sujet + To Be + not + verbe en Ing. Avec you (To Be = are).

4. ***She isn't walking in the neighbourhood.* = Elle n'est pas en train de marcher dans le quartier.**

   C'est une négation et l'auxiliaire est To Be au présent. On applique la formule sujet + to Be + not + verbe en Ing. Avec she (To Be = is).

2. Présent simple

Le présent simple est plus communément connu comme le présent d'habitude ou de fréquence.

Contrairement au présent progressif que nous venons de voir, *il n'est pas en progression*. Il n'est donc pas en cours, d'ailleurs les Anglais ne le considèrent pas comme un présent puisqu'il n'a pas lieu au moment où on l'utilise.

Pour le locuteur anglais cela ne peut pas être un présent.

Le présent simple fonctionne avec les adverbes de fréquences tels que Always (toujours), Often (souvent), Never (jamais), Sometimes (parfois) ou Usually (d'habitude).

Nous sommes d'accord qu'en utilisant ces adverbes *l'action ne peut pas être en cours*.

Il est donc impossible de trouver la forme :

> *I am often playing tennis.* = Je suis souvent en train de jouer au tennis.

On trouvera la forme simple :

> *I often play tennis.* = Je joue souvent au tennis (aspect habituel, l'activité).

Formule affirmative

La conjugaison du présent simple s'en trouve donc simplifiée.

> *I often work.* = Je travaille souvent.
> *You often work.* = Tu travailles souvent.
> *He often works.* = Il travaille souvent.
> *She often works.* = Elle travaille souvent.
> *It often works.* = Cela marche souvent (attention sens différent avec « It »).
> *We often work.* = Nous travaillons souvent.
> *You often work.* = Vous travaillez souvent.
> *They often work.* = Ils/elles travaillent souvent.

On remarque que la forme verbale change avec les sujets He, She et It. La terminaison du verbe se fera avec un « s ».

La règle du présent simple est donc la suivante :

→ Sujet + verbe (« s » à la terminaison du verbe à la troisième personne du singulier).

Lorsque le verbe se termine en « E, Sh et O » ce dernier pendra « es ».

> *Ex* = To dance
> *He often dances… watches tv… washes… goes to the swimming pool…*

Le présent simple a d'autres marqueurs tels que : Every (tous), On mondays, etc. (le lundi), Twice (deux fois), Once (une fois)…

En fait dès qu'un marqueur de fréquence ou d'habitude intervient au présent, on utilisera le présent simple. (Sauf cas particulier comme Always/Toujours qui peut être utilisé avec les deux présents.)

Finalement, il n'est pas compliqué de le différencier du présent progressif.

> *I go to London twice a week.* = Je vais à Londres deux fois par semaine.
> *She sings every monday.* = Elle chante tous les lundis.
> *I see my uncle once a year.* = Je vois mon oncle une fois par an.

On retrouve la forme simple lorsque l'on conjugue le verbe, à part à la troisième personne du singulier ou l'on retrouve une terminaison en « s ».

Formule question

Pour poser une question au présent simple on retrouve la formule valable à chaque temps :

→ Auxiliaire + sujet + verbe

Le présent simple ne se forme pas à partir des auxiliaires To Be (être) ou To Have (avoir), les deux vrais auxiliaires de la langue.

Le présent progressif se formait lui avec To Be (auxiliaire) + verbe en Ing.

Il a donc fallu créer un auxiliaire propre au présent simple qui est Do/Does.

Le piège de cet auxiliaire est de le confondre avec le verbe To Do (faire).

Ici ce n'est pas le verbe qu'on utilise mais bien l'auxiliaire Do qui, hormis le « est-ce que » d'une question au présent simple ne veut rien dire.

> *Do you like to play tennis?* = Est-ce que tu aimes jouer au tennis ?
> *Do you often drink wine?* = Est-ce que tu bois souvent du vin ?

→ Auxiliaire + sujet + verbe *à l'infinitif sans To*

> *Do + you + play tennis?* = Est-ce que + tu + joues au tennis ?

Do traduit tout simplement « est-ce que » dans la question au présent simple.

C'est l'équivalent du « est-ce que » en français et c'est le rôle de l'auxiliaire dans la question en anglais.

Il y a une variante avec les sujets de la troisième personne du singulier « He, She, It ».

Dans ce cas de figure on utilisera non plus Do mais Does afin de retrouver un parallèle avec le « S » à la fin du verbe à la 3e personne du singulier de la forme affirmative.

> *Does he often* go to *the restaurant?* = Est-ce qu'il *va* souvent au restaurant ?
> *Does she often* travel? = Est-ce qu'elle *voyage* souvent ?
> *Does it always* work? = Est-ce que cela *fonctionne* toujours ?

Le « s » n'est plus à la fin du verbe mais sur l'auxiliaire puisqu'il faut respecter la formule :

→ Auxiliaire + sujet + verbe *à l'infinitif sans To.*

Le « s » ne peut plus être placé à la fin du verbe puisqu'il doit être à l'infinitif sans To.

Il vient donc sur l'auxiliaire Do pour donner Does et ainsi respecter la règle de la troisième personne au présent simple.

Do he swims est donc impossible.

Formule négation

Nous avons déjà évoqué le fait qu'en anglais l'auxiliaire est utilisé pour poser une question mais aussi pour effectuer une négation. On reprend donc cet auxiliaire associé à Not.

→ Auxiliaire du temps + Not : Ne… pas

Au présent simple on utilisera :

→ Do + not (Don't pour sa contraction) et Does + not (Doesn't…) toujours avec He, She, It (3e personne du singulier) pour traduire Ne… pas.

La formule à respecter est la suivante :

→ Sujet + Do/Does + Not + verbe *à l'infinitif sans To.*

> *I* + *Do* + *not* + play *tennis.* = Je ne *joue* pas au tennis.
> *You* + *Do* + *not* + play *tennis.* = Tu ne *joues* pas au tennis.

En fait Do… not correspond tout simplement au Ne… pas du français au présent simple.

À la troisième personne du singulier :

→ Sujet + Does + not (doesn't) + verbe *à l'infinitif sans To*

> *He* + *doesn't* + play *tennis.* = Il ne *joue* pas au tennis.

On note que le « s » s'est une nouvelle fois greffé sur l'auxiliaire Do pour donner Does à la troisième personne et a disparu du verbe puisque ce dernier est à l'infinitif sans To dans la formule.

She don't plays *football* ≠ elle ne joue pas au football.
Cette forme est impossible.

Don't + « s » à la fin du verbe et non « Does » + verbe à l'infinitif sans To.

« She doesn't *play* football » est en revanche correct grammaticalement.

Exercices

Phrases affirmatives

1. *I always .... coffee in the morning. (To drink)*
2. *She .... to walk after dinner. (To like)*
3. *You never .... football games. (To watch)*
4. *He .... his best friend every evening after dinner. (To call)*

Phrases interrogatives

1. *.................. you always .... (To drink) coffee in the morning?*
2. *.................. she .... (To like) to walk after dinner?*
3. *.................. he often .... (To listen to) often the music?*
4. *.................. they often .... (to drive) too fast?*

Phrases negatives

1. *You .... (To like) wine.*
2. *She .... (To understand) the situation.*
3. *We .... (To run) in this park.*
4. *He .... (To play) the piano very well.*

Corrections

Phrases affirmatives

1. *I always drink coffee in the morning.* = Je bois toujours du café le matin.

   C'est une phrase affirmative au présent simple (Always/toujours). Pas de « S » à la fin du verbe puisque le sujet est « I/Je »

2. *She likes to walk after dinner.* = **Elle aime marcher après dîner.**

   C'est une phrase affirmative au présent simple (often/souvent). Troisième personne du singulier donc on applique la règle. Il faut un « S » à la fin du verbe.

3. *You never watch football games.* = **Tu ne regardes jamais de match de foot.**

   C'est une phrase affirmative au présent simple (Never/jamais). Le sujet est «You» donc pas de « S » à la fin du verbe.

4. *He calls his best friend every evening after dinner.* = **Il appelle son meilleur ami tous les soirs après dîner.**

   C'est une phrase affirmative au présent simple (Every/tous). Troisième personne du singulier « He/il »,on applique la règle donc « S » à la fin du verbe.

Phrases interrogatives

1. *Do you always drink coffee in the morning?* = **Est-ce que tu bois toujours du café le matin ?**

   Présence de « Always/toujours » présent simple. Est-ce une question ? Oui. On applique la formule Do + sujet + verbe à l'infinitif sans To. Do traduit « Est-ce que » au présent simple.

2. *Does she like to walk after dinner?* = **Est-ce qu'elle aime marcher après diner ?**

   C'est bien un Présent Simple, question sur une habitude. On applique la formule« Do + sujet + verbe infinitif sans To. Do devient Does à la 3e personne du singulier « She/elle ». Does traduit « Est-ce que » au présent simple.

3. *Does he often listen to the music?* = **Est-ce qu'il écoute souvent la musique ?**

   Présence de « Often/souvent » donc Présent simple. Est-ce une question ? oui. On applique la formule Do + sujet + verbe à l'infinitif sans To. Do devient Does à la 3e personne du singulier « He/il ». Does traduit « Est-ce que » au présent simple.

4. *Do they often drive too fast?* = **Est-ce qu'ils conduisent souvent trop vite ?**

   Présence de « Often/souvent » donc présent simple. Est-ce une question ? Oui. On applique la formule Do + sujet + verbe infinitif sans To. Do traduit « Est-ce que » au présent simple.

Phrases négatives

1. *You don't like wine.* = **Vous n'aimez pas le vin.**

   Phrase négative sur une habitude au présent. Donc présent simple . On respecte la formule sujet + do + not + verbe infinitif sans To. Do + not traduit Ne… pas au présent simple.

2. *She doesn't understand the situation.* = **Elle ne comprend pas la situation.**

   Phrase négative au présent simple. On applique la formule sujet + Do + not + verbe infinitif sans To. Do devient Does à la troisième personne « She/elle ». Does + not traduit Ne… pas au présent simple

3. *We don't run in this park.* = **Nous ne courrons pas dans ce parc.**

   Phrase négative sur une habitude donc présent simple. On respecte la formule sujet + Do + not + verbe infinitif sans To. Do + not traduit Ne… pas au présent simple

4. *He doesn't play the piano very well.* = **Il ne joue pas très bien du piano.**

   Phrase négative sur une habitude donc présent simple. On applique la formule sujet + do + not + verbe à l'infinitif sans To. Do devient Does puisque 3e personne du singulier « He/il ». Does + not traduit Ne… pas au présent simple.

3. To have got : avoir de possession

Rappelons tout d'abord la conjugaison de l'auxiliaire « avoir » To Have au présent simple.

> *I have* = J'ai.
> *You have* = Tu as.
> *He/she has* = Il ou elle a.
> *We have* = Nous avons.
> *Etc.*

Les sujets I, We/You/They conservent la forme simple « Have ». En revanche à la troisième personne du singulier, on retrouve « Has » règle du présent simple.

En anglais la possession est traduite par « got » participe passé du verbe irrégulier To Get (obtenir, posséder), et est associée à To Have lorsque l'on évoque ***les objets*** mais aussi les **détails physiques (ex black hair, blue eyes, etc.)** les ***liens de parenté, l'amitié, animaux de compagnie, etc***.

To have got est donc le composé de l'auxiliaire (To have) et du verbe To get (got).

Il est important de bien comprendre cette association auxiliaire + verbe car on la retrouve dans la question pour respecter la formule auxiliaire + sujet + verbe.

Formule affirmative

> *I have got two sisters.* = J'ai deux sœurs.
> *I have got a boy friend.* = J'ai un petit ami.

Pour un Anglais il y a possession.

En revanche :

> *I have got head-ache* ≠ J'ai mal à la tête. Cette forme est impossible.

Dans ce cas précis on ne peut pas associer To Have à « got » car pour ***l'Anglais on ne possède pas un mal de tête***, ce qui est logique. Le verbe To Get n'apparaît donc pas.

Formule question

Rappelons tout d'abord que To have ***est un auxiliaire*** de la langue anglaise, cela signifie donc qu'en tant qu'***auxiliaire*** on l'utilise pour poser la question tout en respectant la formule habituelle :

→ Auxiliaire + sujet + verbe.

▌ *Have + you + got + any* (si pluriel).

▌ *Have you got any cars?* = Avez-vous des voitures ?

Il est ***important de s'arrêter sur le rôle de Any*** dans la formule... Any est ***obligatoire*** dans la ***question lorsque la possession est plurielle***... On pourrait le traduire par « des », il sert de dénombreur puisqu'il n'y a pas de quantité précise ex 2, 3 voitures.

« Got » est donc obligatoire dans la question car comme nous l'avons expliqué précédemment c'est bien le verbe. Non associé à To have (auxiliaire), il n'y aurait pas de verbe.

→ Auxiliaire + sujet + verbe

▌ *Have + you +? + any cars.*

C'est impossible, il manque un verbe dans la formule. « Got » est donc obligatoire dans la question.

Avec ***He et She***, la règle du présent simple est respectée. On trouvera alors la formule suivante :

→ Has + ***she-he*** + got + any si pluriel :

▌ *Has he got any cars?* = Est ce qu'il a des voitures ?

To Have + got traduit non seulement « Est-ce qu' » mais aussi avoir.

Le sujet It est beaucoup plus rare avec To Have got car il est peu commun qu'un objet possède un autre objet... On peut retrouver It éventuellement avec les animaux qui possèdent une caractéristique physique tout comme les humains même si les Anglo-Saxons n'hésitent pas à passer par le sujet humain « He/she » pour parler de leur animal de compagnie.

Formule négation

Have + not : N'...pas et « avoir » au présent.

→ Sujet + have/has + not + got + any si pluriel

▌ *I haven't (contraction de have et not) got any cars.* = Je n'ai pas de voitures.

À la troisième personne du singulier on trouvera :

→ Sujet + has + not + got + any si pluriel

▌ *He hasn't* (contraction de has et not) *got any cars.* = Il n'a pas de voitures.

To Have/has + not traduit « Ne... pas » et fait partie de la formule globale.

Exercices

Phrases affirmatives

1. *She .... (To have got) a brand new car.*
2. *You .... (To have got) many good friends.*
3. *He .... (To have got) brothers and sisters.*
4. *They .... (To have got) a big house.*

Phrases interrogatives

1. *................. she .... (To have got) a brand new car?*
2. *................. you .... (To have got) many good friends?*
3. *................. he .... (To have got) brothers and sisters?*
4. *................. they .... (To have got) a big house?*

Phrases négatives

1. *She .... (To have got) a brand new car.*
2. *You .... (To have got) many good friends.*
3. *He .... (To have got) brothers and sisters.*
4. *They .... (To have got) a big house.*

Corrections

Phrases affirmatives

1. *She has got a brand new car.* = Elle a une voiture toute neuve.

   Auxiliaire avoir (To have) au présent suivi du verbe « got ». À la troisième personne du singulier To have devient has.

2. *You have got many good friends.* = Tu as beaucoup de bons amis.

   Auxiliaire avoir (To have) au présent suivi du verbe « got ». Avec You (have).

3. *He has got brothers and sisters.* = Il a des frères et sœurs.

   Auxiliaire avoir (To have) au présent suivi du verbe « got ». À la troisième personne du singulier To have devient (has).

4. *They have got a big house.* = Ils ont une grande maison.

   Auxiliaire avoir (To Have) au présent suivi du verbe « got ». Avec They (have).

Phrases interrogatives

1. *Has she got a brand new car?* = Est-ce qu'elle a une toute nouvelle voiture ?

   C'est une question avec l'auxiliaire To have au présent. On applique la formule auxiliaire + sujet + verbe. À la troisième personne du singulier to Have devient Has.

2. *Have you got many good friends?* = Est-ce que tu as beaucoup de bons amis.

   C'est une question avec l'auxiliaire To have au présent. On applique la formule auxiliaire + sujet + verbe. Ici le sujet You (Have).

3. *Has he got brothers and sisters?* = Est-ce qu'il a des frères et sœurs.

   C'est une question avec l'auxiliaire To have au présent. On applique la formule auxiliaire + sujet + verbe. À la troisième personne du singulier To have devient Has.

4. *Have they got a big House?* = Est-ce qu'ils ont une grande maison ?

   C'est une question avec l'auxiliaire To Have au présent. On applique la formule auxiliaire + sujet + verbe. Ici le sujet They (have).

Phrases négatives

1. *She hasn't got a brand new car.* = Elle n'a pas de voiture toute neuve.

   C'est une négation avec l'auxiliaire To have au présent. On applique la formule sujet + auxiliaire + not + verbe. À la troisième personne du singulier To have devient has. (hasn't).

2. *You haven't got many friends.* = Tu n'as pas beaucoup d'amis.

   C'est une négation avec l'auxiliaire To have au présent. On applique la formule sujet + auxiliaire + not + verbe. Ici le sujet You (haven't).

3. *He hasn't got brothers and sisters.* = Il n'a pas de frères et sœurs.

   C'est une négation avec l'auxiliaire To have au présent. On applique la formule sujet + auxiliaire + not + verbe. À la troisième personne du singulier To have devient has. (Hasn't).

4. *They haven't got a big house.* = Ils n'ont pas une grande maison.

   C'est une négation avec l'auxiliaire To have au présent. On applique la formule sujet + auxiliaire + not + verbe. Ici le sujet They. (haven't).

4. Il y a

En français nous utilisons « Il y a » qu'il soit suivi d'un ***singulier*** ou d'un ***pluriel***. On utilise cette forme pour localiser quelqu'un ou quelque chose.

Il y a ***une voiture***/Il y a ***des voitures*** dans la rue.

Une fois de plus, l'anglais est différent. Il y a se traduit par « There is/There are. »

Formule affirmative

→ There is + ***mot singulier***: Il y a + ***mot***

There is a car. = Il y a ***une voiture***.

→ There are + ***mot pluriel***: Il y a + ***mot***

There are cars. = Il y a ***des voitures***.

Il est important de noter que l'anglais utilise To Be (être) lorsque l'on utilise avoir en français et qu'en français « Il y a » ne change pas, que l'on soit sur un singulier ou un pluriel.

There is (To Be/être)/ Il y a (avoir).

Formule question : Y a-t-il ?

Dans cette formule l'auxiliaire utilisé est To Be.

Attention, There is/There are ne comporte pas de verbe mais uniquement l'auxiliaire, Il faudra donc simplement inverser There et To Be.

→ Auxiliaire + sujet + ***mot singulier***

Is + *there* + *a car?* = Y a-t-il ***une voiture ?***

→ Auxiliaire + sujet + Any + ***mot pluriel***

Are there any cars? = Y a-t-il ***des voitures ?***

Formule négation

Une nouvelle fois on reprend l'auxiliaire en y ajoutant Not.

→ Sujet + To be + not + ***mot singulier***

There isn't = Il n'y a pas de.

Au singulier il est fréquent d'utiliser « There is no… »

There is no car.

→ Sujet + To be + not + any + ***mot pluriel***

There aren't any cars. = Il n'y a pas ***de voitures***.

Ici, ***Any*** traduit aussi le « ***de, des*** » du pluriel.

Exercices

Phrases affirmatives

1. *There .... (To be) cars in front of my house.*
2. *There .... (To be) a man walking in the street.*
3. *There .... (To be) a woman at my door.*
4. *There .... (To be) dogs in the park.*

Phrases interrogatives

1. *.................. cars in front of my house?*
2. *.................. a man walking in the street?*
3. *.................. a woman at my door?*
4. *.................. dogs in the park?*

Phrases négatives

1. *.................. cars in front of my house.*
2. *.................. a man walking in the street.*
3. *.................. at my door.*
4. *.................. dogs in the park.*

Corrections

Phrases affirmatives

1. *There are cars in front of my house.* = Il y a des voitures devant ma maison.

   Phrases pluriel (To Be) se conjugue avec (are) associé à There pour donner « il y a »

2. *There is a man walking in the street.* = **Il y a un homme qui marche dans la rue.**

   Phrase au singulier (To Be) se conjugue au présent avec (is) associé à There pour donner « il y a »

3. *There is a woman at my door.* = **Il y a une femme à ma porte.**

   Phrase au singulier (To Be) se conjugue au présent avec (is) associé à There pour donner « il y a »

4. *There are dogs in the park.* = **Il y a des chiens dans le parc.**

   Phrase au pluriel (To Be) se conjugue au présent avec (are) associé à There pour donner « il y a »

Phrases interrogatives

1. *Are there any cars in front of my house?* = **Y a-t-il des voitures devant ma maison ?**

   Question pluriel avec l'auxiliaire être (To Be) au présent suivi du sujet There. On respecte la formule To Be (are) + sujet (There) + any puisque mot pluriel pour donner « y a-t-il »

2. *Is there a man walking in the street?* = **Y a-t-il un homme qui marche dans la rue ?**

   Question singulier avec l'auxiliaire être (To Be) au présent suivi du sujet There. On respecte la formule To Be (is) + sujet (There) puisque mot singulier pour donner « y a-t-il ».

3. *Is there a woman at my door?* = **Y a-t-il une femme à ma porte ?**

   Question singulier avec l'auxiliaire être (To Be) au présent suivi du sujet There. On respecte la formule To Be (is) + sujet (there) puisque mot singulier pour donner « Y a-t-il »

4. *Are there any dogs in the park?* = **Y a-t-il des chiens dans le parc ?**

   Question pluriel avec l'auxiliaire être (To Be) au présent suivi du sujet There. On respecte la formule To Be (are) + sujet (There) + any puisque mot pluriel pour donner « Y a-t-il ».

Phrases négatives

1. *There aren't any cars in front of my house.* = **Il n'y a pas de voitures devant ma maison.**

   Négation pluriel avec l'auxiliaire être (To Be) au présent + not associé au sujet There. On respecte la formule There + (To Be + not) + any puisque mot pluriel pour donner « il n'y a pas ».

2. *There is no man walking in the street.* = **Il n'y a pas d'homme qui marche dans la rue.**

   Négation singulier avec l'auxiliaire être (To Be) au présent + no (et non pas Not) associé au sujet There. On respecte la formule There + (To Be + no) puisque mot singulier pour donner « Il n'a pas ».

3. *There is no woman at my door.* = **Il n'y a pas de femme à ma porte.**

   Négation singulier avec l'auxiliaire être (To Be) au présent + no (et non pas Not) associé au sujet There. On respecte la formule There + (To Be + no) puisque mot singulier pour donner « Il n'y a pas ».

4. *There aren't any dogs in the park.* = **Il n'y a pas de chiens dans le parc.**

   Négation pluriel avec l'auxiliaire être (To Be) au présent + not associé au sujet There. On respecte la formule There + (To Be + not) + any puisque mot pluriel pour donner « Il n'y a pas ».

5. Le futur proche

Comme en français le futur proche se traduit par un présent et comporte deux formes. La première est spécifique au verbe « Aller » et la seconde s'utilise avec tous les autres verbes en ajoutant un marqueur de temps futur (ex demain).

A. To be going to: aller

En français le verbe aller au futur proche se traduit dans sa forme la plus simple ex: je vais…

L'anglais utilise la forme « To be going to » dans laquelle on retrouve To go to: aller.

Dans cette forme le seul élément conjugué sera donc To Be au présent.

Formule affirmative

I am going to the swimming pool. = Je vais à la piscine.

Avec le sujet « *I* » To Be devient « am ». Il suffit donc de conjuguer l'auxiliaire être au présent selon le sujet choisi.

You are going to the swimming pool. = Tu vas à la piscine.
He is going to the swimming pool. = Il va à la piscine.

On peut ajouter un verbe à l'infinitif à « To be going to ». L'action d'aller se déplacera sur un verbe et non plus sur un lieu.

La forme sera en anglais « To be going to + ***verbe à l'infinitif sans To*** » puisque To est déjà présent dans la formule initiale.

He is going to **drive** *the car.* = Il va ***conduire*** la voiture.
I am going to **play** *tennis.* = Je vais ***jouer*** au tennis.

Formule question

En respectant toujours auxiliaire + sujet + verbe, il suffira d'utiliser To Be (auxiliaire) puisqu'il fait partie de la formule de départ « To be going to ».

→ Auxiliaire (To Be) + sujet + going to (the)…

Are + you + going to the swimming pool? = Est-ce que tu vas à la piscine ?

Une nouvelle fois, seul l'auxiliaire To Be change de forme selon le sujet, le reste de la forme est inchangé… « going to… »).

Is he going to the restaurant? = Est ce qu'il va au restaurant. ?
Are they going to come? = Est qu'ils vont venir ?

To Be traduit « est-ce que » et fait aussi partie de la formule globale ***To Be going to***.

Formule négation

La négation de ***To be going to*** est identique à toutes les négations formées de To Be...Il suffit d'ajouter not après l'auxiliaire être. Ce qui donne la formule :

→ Sujet + To be + not + going to.

He isn't going to the cinema. = Il ne va pas au cinéma.
We aren't going to the restaurant. = Nous n'allons pas au restaurant.

To Be + Not traduit non seulement Ne...pas mais fait aussi partie de la formule globale ***To Be going to***.

Il est important de noter la règle suivante :

To be going to est toujours suivi de ***the***...car pour l'anglais nous allons ***dans un restaurant, cinéma, théâtre, une piscine*** etc.... en particulier et non dans l'ensemble des restaurants ou des cinémas d'une ville.

Donc nous trouverons à chaque fois

To the *swimming pool* = ***À la*** piscine.
To the *restaurant* = ***Au*** restaurant.
To the *cinema* = ***Au*** cinéma.

Peu importe que le Français utilise lui « au restaurant, à la piscine, au cinéma, chez le coiffeur ».

To go to + the (pour un lieu précis) = ***Aller « à, au, chez »...***

B. Futur proche en To be + verbe en Ing + marqueur futur

Voici la 2e formule du futur proche en anglais. Elle concerne tous les ***verbes d'actions ou de perceptions hormis Aller*** (dont nous venons de voir la formule).

Cette forme sera utilisée pour traduire en français un présent à valeur de futur proche...

Bien que nous soyons sur la formule du présent progressif (To Be + Ing) nous aurons bien un présent à valeur de futur et non un ***progressif « être en train de »***. C'est le marqueur de temps futur qui fait toute la différence en anglais.

Formule affirmative

I am singing at the club tonight. = Je chante au club ce soir.

Il est important de remarquer que le marqueur futur « tonight » annule le présent progressif.

« Je suis en train de chanter au club ce soir » est impossible en français… Ça n'a pas de sens…

Donc en utilisant la formule To Be + verbe en Ing + marqueur futur, on obtient un présent à valeur de futur proche en anglais.

Si on enlève ce marqueur, nous retrouvons alors un présent progressif…

I am singing. = Je suis en train de chanter. « To Be + verbe en Ing »

La conjugaison française ne change pas contrairement à l'anglais, peu importe le type de présent.

- Je chante (maintenant)
- Je chante (habitude)
- Je chante (ce soir)

Ce qui est impossible en anglais.

Formule question

La formule initiale étant composée de To Be, ce dernier servira d'auxiliaire… En fait on retrouve tout simplement la formule de la question au présent progressif.

→ To be + sujet + verbe en Ing + marqueur futur

Are + you + singing + at the club tonight? = Est-ce que tu chantes au club ce soir ?

To Be traduit « est-ce que » et fait partie de la ***formule globale du temps***.

Formule négation

Comme au présent progressif, la négation s'effectuera avec To Be + not…Ne… pas.

→ Sujet + To be + Not + verbe en Ing + marqueur futur.

I + am + not + singing + at the club tonight. = Je ne chante pas au club ce soir.

To Be + Not traduit « Ne… pas » et fait partie de la ***formule globale du temps***.

Exercices avec To be going to

Phrases affirmatives

1. *You .... (To be going to) the swimming pool this afternoon.*
2. *She .... (To be going to) drive the car.*
3. *He .... (To be going to) call you tomorrow.*
4. *They .... (To be going to) Italy next weekend.*

Phrases interrogative

1. *.................. you .... to the swimming pool this afternoon?*
2. *.................. she .... drive the car?*
3. *.................. he .... call you tomorrow?*
4. *.................. they .... Italy next week end?*

Phrases négatives

1. *You .... (To be going to) the swimming pool this afternoon.*
2. *She .... (To be going to) drive the car.*
3. *He .... (To be going to) call you tomorrow.*
4. *Thcy .... (To be going to) Italy next week end.*

Corrections

Phrases affirmatives

1. *You are going to the swimming pool this afternoon.* = Tu vas à la piscine cet après-midi.

   Il suffit de conjuguer (To be) au présent à la personne qui convient (are) en y associant « going to » afin de traduire aller. L'ensemble traduit aller en français, attention nous ne sommes pas sur le simple auxiliaire être (To be).

2. *She is going to drive the car.* = Elle va conduire la voiture.

   Il suffit de conjuguer (To Be) au présent à la personne qui convient (is) en y associant « going to » afin de traduire Aller. L'ensemble traduit « Aller » en français, attention nous ne sommes pas sur le simple auxiliaire être (To Be).

3. *He is going to call you tomorrow.* = Il va t'appeler demain.

   Il suffit de conjuguer (To Be) au présent à la personne qui convient (is) en y associant « going to » afin de traduire « Aller ». L'ensemble traduit Aller en français, attention nous ne sommes pas le simple auxiliaire être (To Be).

4. *They are going to Italy next week end.* = Ils vont en Italy la semaine prochaine.

   Il suffit de conjuguer (To Be) au présent à la personne qui convient (are) en y associant « going to » afin de traduire « Aller ». L'ensemble traduit « Aller » en français, attention nous ne sommes pas le simple auxiliaire être (To be).

Phrases interrogatives

1. *Are you going to the swimming pool this afternnon?* = Est-ce que tu vas à la piscine cet après-midi ?

   C'est une question avec l'auxiliaire être (To Be) puisqu'il est inclus dans To be going to. On respecte la formule auxiliaire + sujet + verbe. Avec « to be going to » le verbe est « going to ». On retrouve donc to Be (au présent are) + sujet + going to afin de traduire « Aller » au futur proche.

2. *Is she going to drive the car? Est-ce qu'elle va conduire la voiture?*

   C'est une question avec l'auxiliaire être (To Be) puisqu'il est inclus dans To be going to. On respecte la formule auxiliaire + sujet + verbe. Dans « To be going to » le verbe est « going to ». On retrouve donc To Be (au présent is) + sujet + going to afin de traduire « Aller » au futur proche.

3. *Is he going to call you tomorrow?* = Est-ce qu'il va t'appeler demain ?

   C'est une question avec l'auxiliaire être (To Be) puisqu'il est inclus dans « To be going to ». On respecte la formule auxiliaire + sujet + verbe.

   Dans la formule « To be going to » le verbe est « going to ». On retrouve donc To Be (au présent is) + sujet + going to afin de traduire Aller au futur proche.

4. *Are they going to Italy next week? Est-ce qu'ils vont en Italie la semaine prochaine.*

   C'est une question avec l'auxiliaire être (To Be) puisqu'il est inclus dans « To be going to ». On respect la formule auxiliaire + sujet + verbe.

   Dans « To be going to » le verbe est « going to ». On retrouve donc To Be (au présent are) + sujet + going to afin de traduire Aller au futur proche.

Phrases négatives

1. *You are not going to the swimming pool this afternoon.* = Tu ne vas pas à la piscine cet après-midi.

   On reprend l'auxiliaire être (To Be) au présent associé à not puisqu'il est inclus dans « To be going to ». On respecte la formule sujet + To Be (au présent are) + not + going to afin de traduire Aller au futur proche.

2. *She is not going to drive the car.* = Elle ne va pas conduire la voiture.

   On reprend l'auxiliaire être (To Be) au présent associé à not puisqu'il est inclus dans « To be going to ». On respecte la formule sujet + To Be (au présent is) + not + going to afin de traduire Aller au futur proche.

3. *He is not going to call you tomorrow.* = Il ne va pas t'appeler demain.

   On reprend l'auxiliaire être (To Be) au présent associé à not puisqu'il est inclus dans « To be going to ». On respecte la formule sujet + to Be (au présent is) + not + going to afin de traduire Aller au futur proche.

4. *They are not going to Italy next week.* = Ils ne vont pas en Italie la semaine prochaine.

   On reprend l'auxiliaire être (To Be) au présent associé à not puisqu'il est inclus dans « To be going to ». On respecte la formule sujet + To Be (au présent are) + not + going to afin de traduire Aller au futur proche.

Exercices avec la 2e formule du futur proche : sujet + To Be + verbe en Ing + marqueur futur

Phrase affirmative

You .... (To sing) at your club tonight.

Phrase interrogative

.... he .... (To sing) at his club tonight.

Phrase négative

He .... (To sing) at his club tonight.

Corrections

- **Phrase affirmative**

You are singing at your club tonight. = Tu chantes à ton club ce soir.

Il suffit de conjuguer être (To Be) au présent en l'associant au verbe en « Ing ».

C'est identique au présent progressif.

- **Phrase interrogative**

Is he singing at his club tonight? = Est-ce qu'il chante à son club ce soir ?

On reprend l'auxiliaire To Be (au présent) associé verbe en « Ing » toute en respectant la formule de la question auxiliaire + sujet + verbe.

C'est identique au présent progressif.

- **Phrase négative**

He is not singing at his club tonight. = Il ne chante pas à son club ce soir.

On reprend l'auxiliaire être (To Be) au présent associé à not et au verbe en Ing tout en respectant la formule de la négation sujet + To Be (is) + not + verbe en « Ing ».

C'est identique au présent progressif.

Nous n'avons traité qu'un seul exemple à chaque type de phrase car la 2e forme du futur proche se calque sur le présent progressif.

→ Sujet + To Be (au présent) + verbe en « Ing » + marqueur de temps.

Attention rappelons que ce marqueur annule le présent progressif pour donner un présent à valeur de futur proche.

6. Les modaux ou auxiliaires de modalité

En anglais les modaux ne sont pas considérés comme ***des verbes***, on les utilise pour exprimer des nuances telles que la ***probabilité, l'obligation, l'incertitude, la capacité***… Seuls, ils n'ont pas réellement de sens, ils sont donc associés à un verbe à ***l'infinitif sans To***. Les modaux sont ***invariables, leur conjugaison ne change pas selon le sujet***.

On les appelle aussi auxiliaires de modalité, ce qui signifie qu'ils sont utilisés ***pour poser des questions et effectuer des négations comme tout autre auxiliaire…***

A. Can = pouvoir (au présent)

Ex : il peut, traduit la ***capacité et la permission***.

Formule affirmative

He can run very fast. = Il peut courir très vite. (***capacité***)
You can go outside. = Tu peux sortir. (***permission***)

On remarque que le modal est bien associé à un verbe d'action ou de perception à l'infinitif sans To.

« He can ***to run*** » est donc ***impossible***. Cette faute grammaticale est pourtant largement répandue.

« Can » ne change pas de forme même si le sujet lui change.

On trouvera : ***I can, You can, She can,* etc.**

Formule question

→ Auxiliaire + sujet + verbe

Can + He + go outside? = Est-ce qu'il peut sortir ?

Can traduit non seulement « Pouvoir » au présent mais aussi « Est-ce que ? » Puisque c'est un auxiliaire.

Dans le cas de la question « Can » a donc ***une fonction*** (en tant qu'auxiliaire il pose la question) et il a aussi ***un sens*** (il traduit pouvoir).

Formule négation

→ Sujet + Can't + verbe à l'infinitif sans To

He + *can't* + *go outside.* = Il ne peut pas sortir.

Can't qui est la contraction de (can + not) traduit non seulement « Ne… pas » puisque c'est auxiliaire mais aussi « pouvoir » au présent. Ce qui donne donc « Ne peut pas ».

B. Can = savoir (au présent)

You can. = Tu sais.

Can est aussi utilisé ***pour traduire toute activité acquise par la pratique telle que les sports, la musique, les arts et toute autre activité requérant un acquis via l'entraînement***.

Dans ce cas Can sera traduit en français par le verbe « Savoir »

Attention à ne surtout pas confondre avec ***le verbe d'État To Know Savoir/connaître*** qui n'a rien à voir avec un ***acquis par la pratique***.

Ex : I ***know*** the answer/Je ***sais*** la réponse qui dans ce cas n'a pas nécessité un ***entraînement ou une pratique menant à l'acquisition d'un savoir-faire***.

Formule affirmative

He can swim. = Il sait nager.

Ce n'est pas inné. C'est bien un acquis par la pratique.

You can play the piano. = Tu sais jouer du piano.

Idem, cela a nécessité ***beaucoup de pratique***.

Formule question

→ Can + sujet + verbe à l'infinitif.

Can + *you* + *play the piano?* = Est-ce que tu sais jouer du piano ?

Can traduit non seulement « est-ce que » puisque c'est un auxiliaire mais aussi « Savoir ».

Attention, ne pas traduire « ***Est-ce que tu sais*** … » par ***Do you know how to…***

C'est la principale erreur commise par le locuteur français ne sachant pas que l'on passe par « Can/savoir » pour tout ***acquis par la pratique***.

> *Can you swim?* = Est-ce que tu sais nager ? est donc correct.
> ***Do you know how to swim?*** = **Est-ce que tu sais nager ?** Est donc ***impossible***.

Formule négation

→ Sujet + Can't + verbe à l'infinitif.

> *He + can't + play the piano.* = Il ne sait pas jouer du piano.

Can't traduit à la fois « Ne… pas » puisque c'est un auxiliaire mais aussi Savoir, donc « Ne sais pas ».

Attention, tout comme pour la question :

I Don't know how to swim est tout aussi impossible puisque le verbe d'État To Know ne traduit pas « Savoir » pour un ***acquis par la pratique***.

C. Must = devoir (au présent), je dois, tu dois, etc.

Obligation et forte probabilité.

Formule affirmative

> *He must read this book.* = Il doit lire ce livre (***Obligation***)
> *It must rain.* = Il doit pleuvoir ***(forte probabilité)***

On entend par exemple quelques gouttes sur le toit mais ***ce n'est pas sûr***.

Il est ***impossible*** de poser une question avec Must.

Must he read this book ? est donc impossible.

Formule négation

→ Sujet + mustn't (must + not) + verbe à l'infinitif sans To

> *He + mustn't + smoke.* = Il ne doit pas fumer.

Mustn't traduit non seulement « Ne… pas » mais aussi Devoir au présent puisque c'est un auxiliaire, donc « Ne doit pas ».

Le ***vrai verbe*** en anglais pour traduire « Devoir » ***est To Have to***.

Il permet de traduire « Devoir » à tous les temps alors que « Must » se limite au présent et ne peut pas être utilisé pour ***poser une question puisque***. « Must » traduit aussi la ***forte probabilité***. On ne pose pas de question sur une forte probabilité. « Must » ne traduit donc pas strictement l'Obligation. C'est le cas pour ***To have to/Devoir*** qui traduit ***uniquement l'Obligation***.

Pour poser une question en utilisant « Devoir/obligation » on passe donc par « To Have to » et ce à tous les temps.

La formule sera la suivante :

→ Auxiliaire du temps choisi + sujet + ***To have to*** + verbe à l'infinitif sansTo

Does + he + **have to** *read this book?* = Est ce qu'il ***doit*** lire ce livre ?

→ Did + he + ***have to*** read this book ? (preterit) = Est qu'il ***a dû*** lire ce livre ?

Attention :

To have to ne correspond plus à ***l'auxiliaire avoir*** puisqu'il traduit Devoir.

Il ne peut donc plus poser ***de question***, c'est pourquoi on passe par ***l'auxiliaire du temps*** voulu.

Ici, Does, ***auxiliaire*** du présent simple ou Did, ***auxiliaire*** du preterit.

Have you to read est impossible, il manque un auxiliaire pour déclencher la question au temps voulu.

D. May = peut être (au présent)

Il traduit ***l'incertitude…***

La façon la plus simple et la plus efficace pour traduire May en français est de passer par « Il se peut que ». Cette formule servira donc d'introduction à la phrase.

Formule affirmative

She *may come.* = Il se peut qu'*elle* vienne.

Attention, il est ***important de noter*** que « Il se peut que » ***traduit exclusivement*** May et ***introduit*** la phrase. *Le sujet* de la phrase, ici en l'occurrence « *she* » vient juste après en français.

We *may play tennis.* = Il se peut que *nous* jouions au tennis.

La phrase est toujours introduite par « Il se peut que » le sujet « *nous* » vient ensuite.

Formule négation

→ Sujet + may + Not + verbe à l'infinitif sans To.

She + may + not + come. = Il se peut qu'elle ne vienne pas.

La contraction de ***l'auxiliaire et de Not n'est pas possible***. On ne verra donc pas ***she mayn't…***

May + not traduira « Ne… pas » puisque c'est un ***auxiliaire*** mais aussi « il se peut que ».

Formule question

→ Auxiliaire + sujet + verbe

May + I + open the window? = Puis-je ouvrir la fenêtre ?

Attention :

L'utilisation de May comme ***auxiliaire*** pour poser une question n'est possible qu'avec le sujet « I » et ***lui seul***. On note que sa traduction est « Puis-je » et non pas « Se peut-il ».

On utilise cette formule pour ***exprimer la forte politesse*** avec le sujet « Je ».

À ne pas confondre avec Can, qui ***est plus familier***.

Can I open the window? = Est ce que je peux ouvrir la fenêtre ?
May I open the window? = Puis-je ouvrir la fenêtre ?

May ne pas poser de question avec les autres sujets, c'est impossible.

E. Could = pouvait ou pourrait

C'est le preterit de Can.

Il traduit la Permission, capacité à l'imparfait et au conditionnel.

Formule affirmative

He could come :

Peut traduire à la fois :

- Il pourrait venir : aspect conditionnel
- Il pouvait venir : imparfait (preterit de Can) et ***aspect permissif***.

Formule question

→ Auxiliaire + sujet + verbe

Could + You + open the window? = Est-ce que tu pourrais ouvrir la fenêtre ?

Could en tant ***qu'auxiliaire est l'équivalent*** de May dans la question pour tout autre sujet que I

Il permet ***d'utiliser une forme plus soutenue*** que Can et donc ***plus poli***.

Can you? = Peux-tu ?
Could you? = Pourrais-tu ?

Could traduit non seulement « est-ce que » mais aussi « pouvoir » au preterit. Nous sommes donc bien sur un ***registre de politesse***.

Si dans la question « Could » traduit aussi l'aspect conditionnel, nous ne serons plus sur le ***registre de la politesse***.

Formule négation

→ Sujet + Could + not (couldn't) + verbe à l'infinitif sans To.

He + could + not (couldn't) + come. = Il ne pouvait pas venir.

Couldn't traduit à la fois Ne… pas puisque c'est ***un auxiliaire associé à Not*** mais aussi Pourrait ou Pouvait.

F. Should = devrait

Traduit le ***fort conseil ou la probabilité***.

Formule affirmative

He should clean his room. = Il devrait nettoyer sa chambre.

C'est un ***fort conseil ou une obligation demandée poliment***.

Formule question

→ Auxiliaire + sujet + verbe à l'infinitif sans To

Should + he + clean his room? = Est-ce qu'il devrait nettoyer sa chambre ?

Cette formule est ***possible mais très rare*** car elle n'as pas trop de sens si l'on y pense.

Pour poser une question avec « Should » mieux vaut passer par la ***formule interro-négative*** qui a plus de sens.

Formule interro-négative

→ Auxiliaire + Not + sujet + verbe à l'infinitif sans To.

Should + Not + he + clean his room? = Ne devrait-il pas nettoyer sa chambre ?

On remarque qu'ici que ***l'interro-négative fonctionne bien mieux*** avec « Should » puisque ce n'est pas un ordre dans le sens strict du terme.

Formule négative

→ Sujet + auxiliaire + Not + verbe à l'infinitif sans To.

He + shouldn't (contraction) + go outside. = Il ne devrait pas sortir.

Shouldn't (should + not) traduit « Ne… pas » puisque c'est un ***auxiliaire mais aussi*** « Devrait » donc Ne devrait pas.

G. Will = futur simple

Will n'est en fait que la terminaison du futur en français.

Formule affirmative

Il jouera / terminaison du verbe en « a » qui marque la conjugaison du futur simple en français.

He will play/marque du futur simple en anglais « will »

La terminaison du futur simple français se traduit donc en anglais par will et ***ce… à chaque personne***.

We will play. = Nous jouerons. Will/Ons.

Et c'est ainsi à toutes les personnes puisque « Will » est ***invariable***.

Formule question

→ Auxiliaire + sujet + verbe à l'infinitif sans To.

Will + He + play? = Est-ce qu'il jouera ?

Will traduit à la fois « est-ce que » puisque c'est ***un auxiliaire*** mais aussi la marque du futur simple.

Formule négation

→ Sujet + auxiliaire + Not + verbe à l'infinitif sans To.

He + won't (Contraction de Will + not) + play. = Il ne jouera pas.

Won't (Will Not) traduit à la fois Ne… pas et la marque du futur simple.

Nota Bene :

Il est important de bien différencier le futur proche et le futur simple.

Comme nous l'avons déjà vu, le futur proche a une valeur de présent en français.

I am going to Italy next year. = Je vais en Italie l'année prochaine.

Nous avons utilisé en anglais la formule ***To be going To*** vue précédemment. Il est intéressant de remarquer que bien qu'ayant utilisé en français le futur proche, nous avons choisi comme marqueur futur « L'année prochaine ».

Il est clair que « L'année prochaine » ne peut figurer parmi les marqueurs du futur…proche. Nous aurions pu utiliser en ***français dans 3,4, 5 ans***. Cela signifie donc que l'appellation de futur proche en français ***est erronée***.

En fait la différence entre le futur proche et le futur simple se situe autour de la ***notion de projet ou de décision***.

On utilisera le futur simple ***en évoquant un projet***.

I will buy a car. = J'achèterai une voiture (***ce qui est du domaine du projet***) sous entendu quand ***j'aurai l'argent*** donc futur simple.

I am going to buy a car next year. = Je vais acheter une voiture l'année prochaine (***c'est décidé)***.

On utilisera le futur (proche) ***lorsque c'est décidé***.

Voilà où se situe la différence entre le futur dit proche en français et le futur simple.

- Futur simple : ***Notion de projet***
- Futur proche : ***Notion de décision***

Exercices avec Can (pouvoir)

Phrases affirmatives

1. *He .... run very fast.*
2. *You .... open the door.*

Phrases interrogatives

1. *................. he run very fast?*
2. *................. you open the door?*

Phrases négatives

1. *He .... run very fast.*
2. *You .... open the door.*

Corrections

Phrases affirmatives

1. *He can run very fast.* = Il peut courir très vite.

   Il suffit d'associer Can au verbe à l'infinitif sans To, peu importe le sujet.

2. *You can open the door.* = Tu peux ouvrir la porte.

   Il suffit d'associer Can au verbe à l'infinitif sans To, peu importe le sujet.

Phrases interrogatives

1. *Can he run very fast?* = Est-ce qu'il peut courir très vite ?

   Can est l'auxiliaire on respect donc la formule auxiliaire + sujet + verbe. Ici can ne change pas non plus peu, importe le sujet.

2. *Can you open the door?* = Est-ce que tu peux ouvrir la porte ?

   Can est l'auxiliaire on respecte donc la formule auxiliaire + sujet + verbe. Ici can ne change pas, peu importe le sujet.

Phrases négatives

1. *He can't run very fast.* = Il ne peut pas courir très vite.

   L'auxiliaire est Can associé à not. On respecte sujet + auxiliaire + not + verbe.

   Can ne change pas, peu importe le sujet.

2. *You can't open the door.* = Tu ne peux pas ouvrir la porte.

   L'auxiliaire est Can associé à not. On respecte sujet + auxiliaire + not + verbe.

   Can ne change pas, peu importe le sujet.

Exercices avec Must (devoir)

Phrases affirmatives

1. *He .... run very fast.*
2. *You .... open the door.*

Phrases interrogatives

Rappelons qu'il est impossible de poser une question avec Must. Pour cela il faut utiliser le vrai verbe Devoir (To have to).

Phrases négatives

1. *He .... run very fast.*
2. *You .... open the door.*

Corrections

Phrases affirmatives

1. *He must run very fast.* = Il doit courir très vite.

   Il suffit d'associer le modal « must » au verbe à l'infinitif sans To, peu importe le sujet car Must ne change pas de forme.

2. *You must open the door.* = Tu dois ouvrir la porte.

   Il suffit d'associer le modal « Must » au verbe à l'infinitif sans To, peu importe le sujet car Must ne change pas de forme.

- **Phrase interrogative.**

Rappelons qu'il est impossible de poser une question avec Must. Pour cela il faut utiliser le vrai verbe Devoir (To have to).

- **Phrases négatives**

1. *He mustn't run very fast.* = Il ne doit pas courir très vite.

   L'auxiliaire est Must associé à Not. On respecte la formule sujet + auxiliaire + not + verbe à l'infinitif sans To.

   Must ne change pas, peu importe le sujet.

2. *You mustn't open the door.* = Tu ne dois pas ouvrir la porte.

   L'auxiliaire est Must associé à Not. On respecte la formule sujet + auxiliaire + not + verbe à l'infinitif sans To.

   Must ne change pas, peu importe le sujet.

Exercices avec May (Peut-être)

- **Phrases affirmatives**

1. *He .... come with us.*
2. *They .... call us.*

- **Phrases interrogatives**

1. *.................. I come with you?*
2. *.................. I call you?*

- **Phrases négatives**

1. *He .... come with us.*
2. *They .... call us.*

Corrections

Phrases affirmatives

1. *He may come with us.* = **Il se peut qu'il vienne avec nous.**

   Il suffit d'associer le modal May au verbe à l'infinitif sans To. Peu importe le sujet May ne change pas de forme. Il est simple pour traduire May de l'introduire en début de phrase par Il se peut que.

2. *They may call us.* = **Il se peut qu'ils nous appellent.**

   Il suffit d'associer le modal May au verbe à l'infinitif sans To. Peu importe le sujet May ne change pas de forme. Il est plus simple pour traduire May de l'introduire en début de phrase par il se peut que.

Phrases interrogatives

1. *May I come with you?* = **Puis je venir avec toi ?**

   Il est impossible d'utiliser May pour poser une question avec un autre sujet que « I ». Il traduit Puis-je, grande politesse.

2. *May I call you?* = **Puis-je t'appeler ?**

   Il est impossible d'utiliser May pour poser une question avec un autre sujet que « I ». Il traduit Puis-je, grande politesse.

Phrases négatives

1. *He may not come with us.* = **Il se peut qu'il ne vienne pas avec nous.**

   L'auxiliaire est May associé à Not. On respecte la formule sujet + auxiliaire + not + verbe à l'infinitif sans To. May ne change pas, peu importe le sujet.

   Mayn't n'est pas possible.

2. *They may not call us.* = **Il se peut qu'ils ne nous appellent pas.**

   L'auxiliaire est May associé à Not. On respecte la formule sujet + auxiliaire + not + verbe à l'infinitif sans To. May ne change pas, peu importe le sujet.

   Mayn't est impossible.

Exercices avec Could

Phrases affirmatives

1. *He .... come with us.*
2. *They .... call us.*

Phrases interrogatives

1. *................. he come with us?*
2. *................. they call us?*

Phrases négatives

1. *He .... come with us.*
2. *They .... call us.*

Corrections

Phrases affirmatives

1. *He could come with us.* = Il pouvait/pourrait venir avec nous.

   Il suffit d'associer Could au verbe à l'infinitif sans To, peu importe le sujet Could ne change pas.

2. *They could call us.* = Ils pourraient/pouvaient nous appeler.

   Il suffit d'associer Could au verbe à l'infinitif sans To, peu importe le sujet Could ne change pas.

Phrases interrogatives

1. *Could he come with us?* = Est-ce qu'il pourrait/pouvait venir avec nous ?

   Could est l'auxiliaire, on respecte la formule auxiliaire + sujet + verbe à l'infinitif. Could traduit « est-ce que » et « Pouvait/pourrait ».

2. *Could they call us?* = Est-ce qu'il pouvait/pourrait nous appeler ?

   Could est l'auxiliaire, on respecte la formule auxiliaire + sujet + verbe à l'infinitif. Could traduit « est-ce que » et « Pouvaient/pourraient ».

À noter que « Could » traduit la politesse pour une question avec tous les sujets hormis « I ».

> *Could you open the window please?* = Est-ce que vous pourriez ouvrir la fenêtre svp ?

Phrases négatives

1. *He couldn't come with us.* = Il ne pouvait/pourrait pas venir avec nous.

   L'auxiliaire est Could associé à Not. On respecte la formule sujet + could + not + verbe à l'infinitif sans To.

   Couldn't traduit « Ne… pas » et Pouvait/pourrait.

2. *They couldn't call us.* = Ils ne pouvaient/pourraient pas nous appeler.

   L'auxiliaire est Could associé à Not. On respecte la formule sujet + Could + not + verbe à l'infinitif sans To.

   Couldn't traduit « Ne… pas » et Pouvaient/pourraient.

Nous ne traiterons pas dans les exercices le modal « Should » car c'est l'équivalent de Can et Could.

Exercices avec Will

Phrases affirmatives

1. *He .... (To come) tomorrow.*
2. *They .... (To eat) at the restaurant.*

Phrases interrogatives

1. *................. he .... (To come) tomorrow?*
2. *................. they .... (To eat) at the restaurant?*

Phrases négatives

1. *He .... (To come) tomorrow.*
2. *They .... (To eat) at the restaurant.*

Corrections

Phrases affirmatives

1. *He will come tomorrow.* = Il viendra demain.

   Il suffit d'associer « Will » au verbe à l'infinitif sans To. Will ne change pas, peu importe le sujet.

2. *They will eat at the restaurant.* = Ils mangeront au restaurant.

   Il suffit d'associer « Will » au verbe à l'infinitif sans To. Will ne change pas, peu importe le sujet.

Phrases interrogatives.

1. *Will he come tomorrow?* = Est-ce qu'il viendra demain ?

   L'auxiliaire est « Will », on respecte donc la formule de la question auxiliaire + sujet + verbe à l'infinitif sans To. Will traduit donc « est-ce que » et la marque du futur simple.

2. *Will they eat at the restaurant?* = Est-ce qu'ils mangeront au restaurant ?

   L'auxiliaire est « Will », on respecte donc la formule de la question auxiliaire + sujet + verbe à l'infinitif sans To. Will traduit donc « est-ce que » et la marque du futur simple.

Phrases négatives

1. *He won't (will + not) come tomorrow.* = Il ne viendra pas demain.

   L'auxiliaire est Will associé à Not. On respecte la formule sujet + will + not + verbe à l'infinitif sans To. « Will not » traduit Ne... pas et le futur simple.

2. *They won't (will + not) eat at the restaurant.* = Ils ne mangeront pas au restaurant.

   L'auxiliaire est Will associé à Not. On respecte la formule sujet + will + not + verbe à l'infinitif sans To. « Will not » traduit (Ne... pas) et le futur simple.

7. Les modaux composés

Tout comme les modaux, ***les composés sont utilisés pour traduire des nuances (obligation, incertitude, probabilité etc.)*** mais sur un niveau grammatical différent.

La formule affirmative des composés sera :

→ Sujet + Modal + Have + verbe au participe passé (3e colonne des verbes irréguliers ou Ed pour les verbes réguliers).

A. Could + have + verbe en 3e colonne ou Ed

= « aurait pu » + *verbe **à l'infinitif en français.***

Formule affirmative

He could have phoned. = Il aurait pu *appeler.*

On observe qu'en français le verbe est ***lui à l'infinitif.***

Formule question

→ Auxiliaire + sujet + have + verbe en 3e colonne ou Ed.

Could + he + have + phoned? = Est-ce qu'il aurait pu *appeler ?*

Could traduit « est-ce que » et participe aussi à « Aurait pu » puisqu'associé à Have.

Formule négation

→ Sujet + auxiliaire + not + have + verbe en 3e colonne ou Ed

He + couldn't + have + phoned. = Il n'aurait pas pu *appeler.*

Couldn't traduit « Ne… pas » et participe aussi à « aurait pu » puisqu'associé à Have.

B. Should + have + verbe en 3e colonne ou Ed

= « aurait dû » + *verbe **à l'infinitif en français.***

Formule affirmative

He should have phoned. = Il aurait dû *appeler.*

En français le verbe est ***encore à l'infinitif.***

Formule question

→ Auxiliaire + sujet + have + verbe en 3e colonne ou Ed

Should + he + have + phoned? = Est-ce qu'il aurait dû *appeler.*

Should traduit « est-ce que » et participe aussi à « aurait dû » puisqu'associé à Have.

Formule négation

→ Sujet + auxiliaire + not + have + 3e colonne ou Ed

He + shouldn't + have + phoned. = Il n'aurait pas dû *appeler.*

Shouldn't traduit « Ne… pas » et participe aussi à « aurait dû » puisqu'associé à Have.

C. Can + have + verbe en 3e colonne ou Ed

= « peut avoir » + verbe en participe passé ***en français aussi.***

Formule affirmative

He can have phoned. = Il peut avoir *appelé.*

On observe qu'en français le verbe est désormais au participe passé car Can « peut » a une valeur de présent, le verbe ne peut donc ***plus être à l'infinitif.***

Formule question

→ Auxiliaire + sujet + have + 3e colonne ou Ed

Can + he + have + phoned? = Peut-il avoir *appelé ?*

Can traduit à la fois Est-ce que et pouvoir au ***présent.***

Formule négation

→ Sujet + auxiliaire + Not + have + verbe en 3ᵉ ou Ed

He + can't + have + phoned. = Il ne peut pas avoir *appelé*.

Can't traduit à la fois Ne… pas et pouvoir au ***présent***. (Ne peut pas)

D. Sujet + must + have + verbe en 3ᵉ colonne ou Ed

= « doit avoir » + *verbe* au ***participe passé en français aussi***.

Formule affirmative

He must have phoned. = Il doit avoir *appelé*.

On observe qu'en français le verbe est désormais ***au participe passé*** car Must a une valeur de ***présent*** « doit », le verbe ne peut donc plus être ***à l'infinitif***.

Formule question

Comme pour le modal simple « must », ***la question est toujours impossible avec le composé***.

Formule négation

→ Sujet + auxiliaire + not + have + verbe en 3ᵉ colonne ou Ed.

He + mustn't + have + phoned. = Il ne doit pas avoir *appelé*.

Mustn't traduit à la fois Ne… pas et devoir *au présent*. (Ne doit pas)

E. Sujet + may + have + verbe en 3ᵉ colonne ou Ed

= « Il se peut qu'il ait » + *verbe* au ***participe passé en français aussi***.

Formule affirmative

Le plus simple est de continuer à ***introduire la phrase*** par « Il se peut que » ***tout en incluant la concordance des temps***.

He may have phoned. = Il se peut qu'il ait *appelé*.

On observe qu'en français le verbe est désormais ***au participe passé*** car même si May n'a pas une vraie valeur ***de présent en français*** il y a concordance de temps, donc le **verbe ne peut donc plus être à l'infinitif.**

Formule question

La question ***n'est pas possible*** non plus avec May.

Formule négation

→ Sujet + auxiliaire + not + have + verbe en 3e colonne ou Ed

He + may + not + have + phoned. = Il se peut qu'il n'ait pas *appelé.*

May + not traduit à la fois « Ne… pas » et « il se peut qu' »

F. Sujet + will + have + verbe en 3e colonne en Ed

= « aura » + *verbe* au ***participe passé en français aussi.***

Formule affirmative

He will have phoned. = Il aura *appelé.*

Formule question

→ Auxiliaire + sujet + have + 3e colonne ou Ed

Will + he + have + phoned? = Est ce qu'il aura *appelé ?*

Will traduit « est-ce que » et participe aussi à « Aura » puisqu'associé à Have.

Formule négation

→ Sujet + auxiliaire + not + have + 3e ou Ed

He + won't + have + phoned. = Il n'aura pas *appelé.*

Won't traduit « Ne… pas » et participe aussi à « Aura » puisqu'associé à Have.

À ne pas confondre avec He will have to = il ***devra.***

Futur simple du verbe ***To have To = devoir.***

Exercices : Could + have + vb en 3e col. = Aurait pu

Phrases affirmatives

1. *He .... (To call) yesterday.* = Il aurait pu appeler hier.
2. *They .... (To come).* = Ils auraient pu venir.
3. *She .... (To drive).* = Elle aurait pu conduire.

Phrases interrogatives

Cette forme est très rare et très peu utilisée, l'anglais passera plutôt par To be able to = être capable de.

.... she ....? (To come) = Est-ce qu'elle aurait pu venir ?

Phrases négatives

1. *He .... (To call) yesterday.* = Il n'aurait pas pu appeler hier.
2. *They .... (To come).* = Ils n'auraient pas pu venir.
3. *She .... (To drive).* = Elle n'aurait pas pu conduire.

Corrections

Phrases affirmatives

1. *He could have called yesterday.* = Il aurait pu appeler hier.
2. *They could have come.* = Ils auraient pu venir.
3. *She could have driven.* = Elle aurait pu conduire.

Pas d'explications corrigées car il suffit vraiment de suivre les formules du cours déjà commentées.

Phrase interrogative

Could have she come? = Est-ce qu'elle aurait pu venir.

Comme on peut le constater cette forme est très maladroite donc rarement utilisée.

Phrases négatives

1. *He couldn't have called yesterday.* = Il n'aurait pas pu appeler hier.
2. *They couldn't have come.* = Ils n'auraient pas pu venir.
3. *She couldn't have driven.* = Elle n'aurait pas pu conduire.

Pas d'explications corrigées car il suffit de suivre les formules du cours déjà commentées.

Exercices : Should + have + 3e col. = aurait dû + vb

Phrases affirmatives

1. *He* .... *(To call) yesterday.* = Il aurait dû appeler hier.
2. *They* .... *(To come).* = Ils auraient dû venir.
3. *She* .... *(To drive).* = Elle aurait dû conduire.

Phrases interrogatives

.... *he* .... *(To call) yesterday?* = Est-ce qu'il aurait dû appeler hier ?

Phrases négatives

1. *He* .... *(To call) yesterday.* = Il n'aurait pas dû appeler hier.
2. *They* .... *(To come).* = Ils n'auraient pas dû venir.
3. *She* .... *(To drive).* = Elle n'aurait pas dû conduire.

Corrections

Phrases affirmatives

1. *He should have called yesterday.* = Il aurait dû appeler hier.
2. *They should have come.* = Ils auraient dû venir.
3. *She should have driven.* = Elle aurait dû conduire.

Pas d'explications corrigées car il suffit de suivre les formules dû cours déjà commentées.

Phrase interrogative

Should he have called yesterday? = Est-ce qu'il aurait dû appeler hier ?

Formule très peu utilisée et souvent maladroite.

Phrases négatives

1. *He shouldn't have called yesterday.* = Il n'aurait pas dû appeler hier.
2. *They shouldn't have come.* = Ils n'auraient pas dû venir.
3. *She shouldn't have driven.* = Elle n'aurait pas dû conduire.

Pas d'explications corrigées car il suffit de suivre les formules du cours déjà commentées.

Exercices : Can + have + 3e col. = Peut avoir + vb

Phrases affirmatives

1. *He* .... *(To call).* = Il peut avoir appelé.
2. *They* .... *(To come).* = Ils peuvent être venus.
3. *She* .... *(To drive).* = Elle peut avoir conduit.

Phrase interrogative

.... *he* .... *(To call)?* = Est-ce qu'il peut avoir appelé ?

Phrases négatives

1. *He* .... *(To call).* = Il ne peut pas avoir appelé.
2. *They* .... *(To come).* = Ils ne peuvent pas être venus.
3. *She* .... *(To drive).* = Elle ne peut pas avoir conduit.

Corrections

Phrases affirmatives

1. *He can have called.* = Il peut avoir appelé.
2. *They can have come.* = Ils peuvent être venus.
3. *She can have driven.* = Elle peut avoir conduit.

Pas d'explications corrigées car il suffit de suivre les formules du cours déjà commentées.

Phrase interrogative

Can he have called? = Est-ce qu'il peut avoir appelé ?

Pas d'explications corrigées car il suffit de suivre la formule du cours déjà commentée.

Phrases négatives

1. *He can't have called.* = Il ne peut pas avoir appelé.
2. *They can't have come.* = Ils ne peuvent pas être venus.
3. *She can't have driven.* = Elle ne peut pas avoir conduit.

Pas d'explications corrigées car il suffit de suivre la formule du cours déjà commentée.

Exercices : Must + have + vb en 3e col. = Doit avoir + vb

Phrases affirmatives

1. *He .... (To call) yesterday.* = Il doit avoir appelé hier.
2. *They .... (To come).* = Ils doivent être venus.
3. *She .... (To drive).* = Elle doit avoir conduit.

Phrase interrogative

Il est impossible de poser une question avec Must, tout comme pour le modal simple.

Phrases négatives

1. *He* .... *(To call) yesterday.* = Il ne doit pas avoir appelé hier.
2. *They* .... *(To come).* = Ils ne doivent pas être venus.
3. *She* .... *(To drive).* = Elle ne doit pas avoir conduit.

Corrections

Phrases affirmatives

1. *He must have called yesterday.* = Il doit avoir appelé hier.
2. *They must have come.* = Ils doivent être venus.
3. *She must have driven.* = Elle doit avoir conduit.

Pas d'explications corrigées car il suffit de suive les formules du cours déjà commentées.

Phrase interrogative

Il est impossible de poser une question avec Must.

Phrases négatives

1. *He mustn't have called yesterday.* = Il ne doit pas avoir appelé hier.
2. *They mustn't have come.* = Ils ne doivent pas être venus.
3. *She mustn't have driven.* = Elle ne doit pas avoir conduit.

Pas d'explications corrigées car il suffit de suivre les formules du cours déjà commentées.

Exercices : May + have + vb en 3e col. = Il se peut qu'il ait + vb

Phrases affirmatives

1. *He* .... *(To call) yesterday.* = Il se peut qu'il ait appelé hier.
2. *They* .... *(To come).* = Il se peut qu'ils soient venus.
3. *She* .... *(To drive).* = Il se peut qu'elle ait conduit.

Phrases interrogatives

On ne peut pas poser de question avec un composé de May.

Phrases négatives

1. *He* .... *(To call).* = Il se peut qu'il n'ait pas appelé.
2. *They* .... *(To come).* = Il se peut qu'ils ne soient pas venus.
3. *She* .... *(To drive).* = Il se peut qu'elle n'ait pas conduit.

Corrections

Phrases affirmatives

1. *He may have called.* = Il se peut qu'il ait appelé.
2. *They may have come.* = Il se peut qu'ils soient venus.
3. *She may have driven.* = Il se peut qu'elle ait conduit.

Pas d'explications corrigées car il suffit de suivre les formules du cours déjà commentées.

Phrases interrogatives

Pas de question avec May et son composé.

Phrases négatives

1. *He may not have called.* = Il se peut qu'il n'ait pas appelé.
2. *They may not have come.* = Il se peut qu'ils ne soient pas venus.
3. *She may not have driven.* = Il se peut qu'elle n'ait pas conduit.

Pas d'explications corrigées car il suffit de suivre les formules du cours déjà commentées.

Exercices : Will + Have + 3^{e} col. = Il aura + vb

Phrases affirmatives

1. *He* .... *(To call).* = Il aura appelé.
2. *They* .... *(To come).* = Ils seront venus.
3. *She* .... *(To drive).* = Elle aura conduit.

Phrases interrogatives

1. .... *he* .... *(To call)?* = Est-ce qu'il aura appelé ?
2. .... *they* .... *(To come)?* = Est-ce qu'ils seront venus ?
3. .... *she* .... *(To drive)?* = Est-ce qu'elle aura conduit ?

Phrases négatives

1. *He* .... *(To call).* = Il n'aura pas appelé.
2. *They* .... *(To come).* = Ils ne seront pas venus.
3. *She* .... *(To drive).* = Elle n'aura pas conduit.

Corrections

Phrases affirmatives

1. *He will have called.* = Il aura appelé.
2. *They will have come.* = Ils seront venus.
3. *She will have driven.* = Elle aura conduit.

Pas de correction expliquée car il suffit de suivre les formules du cours déjà commentées.

Phrases interrogatives

1. *Will he have called?* = Est-ce qu'il aura appelé ?
2. *Will they have come?* = Est-ce qu'ils seront venus ?
3. *Will she have driven?* = Est-ce qu'elle aura conduit ?

Pas de correction expliquée car il suffit de suivre les formules du cours déjà commentées.

Phrases négatives

1. *He won't (Will + not) have called.* = Il n'aura pas appelé.
2. *They won't (Will + not) have come.* = Ils ne seront pas venus.
3. *She won't (will + not) have driven.* = Elle n'aura pas conduit.

Pas de correction expliquée car il suffit de suivre les formules du cours déjà commentées.

8. Le preterit

Le preterit est l'équivalent du passé composé et de l'imparfait voire du passé simple ***français***.

Ce temps est ***précis et daté, on l'utilise aussi pour le dialogue***.

Il est donc *possible de l'identifier à l'aide* de marqueurs de temps *spécifiques* que nous listerons. Il se conjugue avec ***la seconde colonne des verbes irréguliers*** ou avec la *terminaison* « ***Ed*** » pour les ***verbes réguliers***.

Formule affirmative

> *He left yesterday.* = Il est parti hier.

Nous avons bien utilisé ***la seconde colonne des verbes irréguliers*** To Leave (left) et le marqueur « Yesterday » qui est ***précis, daté***.

Attention : Il ne faut plus *penser en français* car une fois de plus *la grammaire anglaise diffère.* La *faute la plus commune des français* utilisant le preterit est de *chercher un équivalent au français*.

→ *Auxiliaire avoir/être (au présent) + participe passé du verbe = passé composé en français*.

> Il ***est*** parti.

La faute *en anglais* sera donc la suivante :

> *He **is left**…*

Car le ***passé composé en français se traduit comme son nom l'indique à l'aide de l'auxiliaire avoir/être (au présent) + participe passé du verbe***.

> Il ***a (avoir) acheté***.
> Il ***est (être) parti***.

Or l'anglais, lui, *ne connaît pas ce système* et passe tout simplement ***par la seconde colonne des verbes irréguliers ou la terminaison en « Ed » pour les verbes réguliers***.

> *He bought.* = Il a acheté.
> *He left.* = Il est parti.

La ***seconde colonne des verbes irréguliers*** ou « Ed » pour ***les réguliers*** traduit *l'ensemble du composé français*.

He *has bought* et He *is left* sont *donc impossibles* au preterit car dans ce cas-là ***nous penserions en français et non en anglais***.

Exemple avec *un verbe régulier* : **To work** (travailler)

> *He worked yesterday.* = Il a travaillé hier.

« Ed » traduit ***l'ensemble du composé français en anglais***.

Les principaux marqueurs du preterit :

- Yesterday = *Hier.*
- Ago = *Il y a* (temporel). À ne pas *confondre* avec ***There is/There are*** (*Il y a… de localisation*). Ago s'associe à une durée.
- 10 *years* ago = *Il y a 10 ans* (la durée se place toujours avant ago).
- Last = *dernier* (cela fonctionne avec tout les derniers mois, année, semaine… dernière) last week, last month, last year…
- For = *pendant* (pour une durée).
- For 10 years = *pendant 10 ans* (c'est bien une durée).
- During = pendant (*pour un moment précis*).
- During Christmas = *pendant Noël* (c'est bien un moment précis).
- Twice = *deux fois.*
- Once = *une fois.*

Le preterit traduit donc en français l'imparfait et le passé composé parfois aussi le passé simple. Contrairement à ce qui ***est enseigné il ne faut pas hésiter à utiliser le passé composé*** car c'est souvent *le temps qui convient le mieux* à la traduction du preterit.

On parle de l'imparfait pour la raison suivante :

Le *premier auxiliaire irrégulier appris par les Français est* l'***auxiliaire*** être = To Be, car c'est le premier ***auxiliaire*** (*verbe*) sur la liste des *verbes irréguliers fournis dans les classes de 6e/5e*.

C'est avant tout un ***auxiliaire.*** L'une des premières formes que l'on apprend dès les premiers cours d'anglais est le présent et le preterit de To Be (*être*) et de To Have (*avoir*).

Effectivement pour traduire le preterit de To Be en *français on utilise* l'imparfait.

> *I was* = J'étais.
> *You were* = Tu étais.

Ou le passé simple.

> *I was* = Je fus.
> *You were* = Tu fus.

Voilà pourquoi l'idée selon laquelle le preterit traduit l'imparfait et parfois le passé simple est véhiculée, il n'est pas rare d'ailleurs que le passé composé soit *même exclus par les enseignants, ce qui est totalement faux.*

Ainsi, *pour tous les verbes hormis* les deux ***auxiliaires,*** To Be (*être*) et To Have (*avoir*), qui seuls *ne peuvent être conjugués au passé composé* par définition, le passé composé proposera une ***meilleure traduction en français dans la plupart des cas.***

L'imparfait en *anglais correspond plus facilement* au preterit progressif (imparfait de narration). Le preterit en tant qu'imparfait sera utilisé au cours *d'un dialogue(que l'on pourrait appeler imparfait de situation) ne souhaitant* pas *utiliser le mode descriptif* du preterit progressif.

Exemple de narration :

- *He walked on the beach.* = Il marchait sur la plage.

Preterit car *on évoque (une situation)*, ici, l'imparfait passe mieux que le passé composé mais il était *possible de l'utiliser (dans le dialogue par exemple = Il a marché sur la plage).*

- *He* was *walking when…* = Il marchait (*était en train de marcher quand…*).

Ici on décrit, on ne fait pas que ***rapporter car c'est de la pure description.*** On utilisera le preterit progressif, le preterit de narration.

Le preterit est donc plus fréquent au passé composé français puisque comme nous *l'avons précisé en introduction il est précis, daté et sert au dialogue*. Dans un ***dialogue, on ne narre pas, on échange***.

- *He bought a car yesterday.* = Il a acheté une voiture hier.
(C'est un passé composé que *l'on utilise tout naturellement*).

« Il achetait une voiture hier » (imparfait) serait *très maladroit voire impossible* sauf au preterit progressif… et encore il faudrait un marqueur et une suite à la phrase pour valider un imparfait *de description. Ou alors il faudrait répondre à une question type interrogatoire de Police. (Qu'était-il en train de faire).*

- *He was buying a car yesterday when I called him so…* = Il achetait (*était en train de…*) une voiture hier lorsque que je l'ai appelé, donc…

Dans ce cas *précis, cela fonctionne.*

L'*auxiliaire* du preterit est Did. (preterit de Do, auxiliaire du présent simple).

Formule question

→ Auxiliaire + sujet + *verbe à l'infinitif sans To.*

- *Did + he +* buy *a car yesterday?* = Est-ce qu'il a acheté une voiture hier ?

Attention : Did traduit non seulement « est-ce que » mais il *prend aussi la marque* du preterit, donc du passé composé en français.

On observe que le *verbe est lui, bien à l'infinitif en anglais.*

Did he bought est donc *impossible car cela ne respecte pas la formule de départ,* l'***auxiliaire*** et *le verbe sont tous deux* au preterit. C'est *exactement l'erreur commune aux français* pensant ***traduire une question*** au preterit.

Donc Did traduit à la fois « est-ce que » et le *temps français*, ici le passé composé.

Formule négation

→ Sujet + auxiliaire (did) + not + *verbe à l'infinitif sans To*

He + *did* + *not* + buy *a car yesterday.* = Il n'a pas acheté de voiture hier.

Attention : Didn't (contraction de Did + Not) traduit non seulement Ne… pas mais aussi la marque du preterit, donc du passé composé en français.

He didn't bought a car *est donc impossible car il y a deux fois la marque* du preterit en anglais. (Sur l'auxiliaire did et sur le verbe *To buy* qui *ne serait plus à l'infinitif* puisque« ***bough***t » comme l'exige la formule).

Exercices

Phrases affirmatives

1. *He .... (To eat) at the restaurant yesterday evening.* = Il a mangé au restaurant hier midi.
2. *He .... (To leave) two weeks ago.* = Il est parti il y a 2 semaines.
3. *They .... (To run) for one hour.* = Ils ont couru pendant une heure.

Phrases négatives

1. *He .... (To eat) at the restaurant yesterday.* = Il n'a pas mangé au restaurant hier.
2. *He .... (To eat) two weeks ago.* = Il n'est pas parti il y a deux semaines.
3. *They .... (To run) for one hour.* = Ils n'ont pas couru pendant une heure.

Phrases interrogatives

1. .... *he .... (To eat) at the restaurant yesterday?* = Est-ce qu'il a mangé au restaurant hier ?
2. .... *he .... (To leave) two weeks ago?* = Est-ce qu'il est parti il y a deux semaines ?

3. .... *they* .... *(To work) for one hour? Est-ce qu'ils ont travaillé pendant une heure?*

Corrections

Phrases affirmatives

1. *He ate at the restaurant yesterday.* = **Il a mangé au restaurant hier.**

   Passé composé + marqueur, c'est un preterit. To eat est un verbe irrégulier, on le conjugue donc avec la seconde colonne du tableau des verbes irréguliers. La conjugaison ne change pas peu importe le sujet.

   Attention à ne pas penser en français, il n'y a pas de composé en anglais (ate) traduit l'ensemble du passé composé français.

2. *He left two weeks ago.* = **Il est parti il y a deux semaines.**

   Passé composé + marqueur, c'est un preterit. To leave est un verbe irrégulier, on le conjugue donc avec la seconde colonne du tableau des verbes irréguliers. La conjugaison ne change pas peu importe le sujet.

   Attention à ne pas penser en français, il n'y a pas de composé en anglais (left) traduit l'ensemble du passé composé français.

3. *They worked for one hour.* = **Ils ont travaillé pendant une heure.**

   Passé composé + marqueur, c'est un preterit. To work est un verbe régulier, on le conjugue donc avec une terminaison en « Ed ». La conjugaison ne change pas peu importe le sujet.

   Attention à ne pas penser en français, il n'y a pas de composé en anglais (worked) traduit l'ensemble passé composé français.

Phrases négatives

1. *He didn't (did + not) eat at the restaurant yesterday.* = **Il n'a pas mangé au restaurant hier.**

   C'est une négation, l'auxiliaire du preterit est Did associé à Not. On applique la formule de la négation sujet + auxiliaire (Did) + Not + verbe à l'infinitif sans To. Attention Did traduit l'ensemble du composé français, le verbe est bien à l'infinitif, Did prend tout.

   Did + not traduit « Ne… pas » et l'ensemble du temps en anglais.

2. *He didn't (did + not) leave two weeks ago.* = **Il n'est pas parti il y a 2 semaines.**

   C'est une négation, l'auxiliaire du preterit est Did associé à Not. On applique la formule de la négation sujet + auxiliaire (did) + Not + verbe à l'infinitif sans

To. Attention Did traduit l'ensemble du composé français, le verbe est bien à l'infinitif, Did prend tout.

Did + not traduit « Ne… pas » et l'ensemble du temps en anglais.

3. *They didn't (did + not) work for one hour.* = **Ils n'ont pas travaillé pendant une heure.**

   C'est une négation, l'auxiliaire du preterit est Did associé à not. On applique la formule de la négation sujet + auxiliaire (did) + Not + verbe à l'infinitif sans To.

   Attention Did traduit l'ensemble du composé français, le verbe est bien à l'infinitif en anglais. Did prend tout.

   Did + Not traduit « Ne… pas » et l'ensemble du temps en anglais.

Phrases interrogatives

1. *Did he eat at the restaurant yesterday?* = **Est-ce qu'il a mangé au restaurant hier ?**

   C'est une question, l'auxiliaire du preterit est Did. On applique la formule auxiliaire (did) + sujet + verbe à l'infinitif sans To. Attention Did traduit l'ensemble du composé français, le verbe est bien à l'infinitif en anglais. Did prend tout.

   Did traduit « est-ce que » et l'ensemble du temps anglais.

2. *Did he leave two weeks ago?* = **Est-ce qu'il est parti il y a deux semaines ?**

   C'est une question, l'auxiliaire du preterit est Did. On applique la formule auxiliaire (did) + sujet + verbe à l'infinitif sans To. Attention Did traduit l'ensemble du composé français, le verbe est bien à l'infinitif en anglais. Did prend tout.

   Did traduit « est-ce que » et l'ensemble du temps en anglais.

3. *Did they work for one hour?* = **Est-ce qu'ils ont travaillé pendant une heure ?**

   C'est une question, l'auxiliaire du preterit est Did. On applique la formule auxiliaire (Did) + sujet + verbe à l'infinitif sans To. Attention Did traduit l'ensemble du composé français, le verbe est bien à l'infinitif en anglais. Did prend tout.

   Did traduit « est-ce que » et l'ensemble du temps en anglais.

9. Le present perfect

Il traduit ***uniquement*** le passé composé. L'anglais utilise ce temps pour ***exprimer un bilan ou un constat, il livre une information sans réelle précision*** contrairement au preterit qui lui ***est précis ou daté***.

La réponse à une phrase au present perfect sera ***« oui ou non » ou bien « D'accord »***. Et c'est à ***peine exagéré*** afin de bien différencier ces deux temps car la personne qui utilise ce temps ne souhaite pas ***réellement rentrer dans une discussion avec vous***.

Elle ***constate, fait un bilan***, donne **une information** du type « *J'ai perdu mes clés* ». Il n'y a pas grand-chose à répondre à cela.

Formule affirmative

→ To have + verbe à la 3e colonne des verbes ***irréguliers ou Ed pour les réguliers***

He has lost his glasses. = Il a perdu ses lunettes.

Il n'y a pas ***de précision***, on ne déclenche pas **un dialogue**, la réponse est ***bel et bien Ok, mince... etc....***

Le present perfect est toujours formé de « To have + 3e colonne », peut importe si l'on utilise ***avoir/être au présent + participe passé*** pour former le passé composé en français.

He has Lost... = Il a perdu (avoir en français)
He has left. = Il est parti (être en français).

L'anglais respectera : To have + 3e personne des ***verbes irréguliers ou Ed pour les réguliers***.

Il existe quelques marqueurs du present perfect même s'ils sont rarement utilisés.

- For : *Depuis* (pour une durée) for 10 years : *Depuis 10 ans*
- Since : *Depuis* (daté) since 1975 : *depuis 1975*
- Lately : *Dernièrement*
- So far : *Jusqu'ici*
- Yet : *Déjà*
- Already : *Déjà*
- Ever : *Déjà* (avec une question).

Tous ces marqueurs font bien état ***d'un bilan ou d'un constat***.

I have eaten pretty well lately. = J'ai bien mangé dernièrement.

Pour un Anglais (pour un Français aussi d'ailleurs même si on le remarque pas), ***c'est bel et bien un bilan.*** On ne répond pas grand-chose à cela à part ***« tant mieux, ok ou autres »***

Formule question

→ Auxiliaire + sujet + verbe en 3e colonne ou Ed

Have + you + lost your glasses? = Est-ce que tu as perdu tes lunettes ?
Has + he (à la troisième personne) + lost his glasses? = Est-ce qu'il a perdu ses lunettes ?

To Have traduit « est-ce que » et fait partie de la formule du present perfect.

Question avec Ever

Have you ever played chess? = Est-ce que vous avez déjà joué aux échecs ?

Ever (déjà) évoque un ***bilan par définition***.

Attention « Ever » ne fonctionne qu'avec une question au present perfect. On ne peut pas l'utiliser dans un autre cas de figure.

Formule négation

→ Sujet + have/has + not + verbe en 3e colonne ou Ed

He + hasn't + lost his glasses. = Il n'a pas perdu ses lunettes.

L'auxiliaire « To Have + not » traduit « Ne… pas » et fait partie de la formule du present perfect.

Exercices

Phrases affirmatives

1. *He .... (To eat) the pie.* = Il a mangé la tarte.
2. *You .... (To watch) the game.* = Tu as regardé le match.
3. *She .... (To buy) a car.* = Elle a acheté une voiture.

Phrases interrogatives

1. .... *he* .... *(To eat) the pie?* = Est-ce qu'il a mangé la tarte ?
2. .... *you* .... *(To watch) the game?* = Est-ce que tu as regardé le match ?
3. .... *she* .... *(To buy) a car?* = Est-ce qu'elle a acheté une voiture ?

Phrases négatives

1. *He* .... *(To eat) the pie.* = Il n'a pas mangé la tarte.
2. *You* .... *(To watch) the game.* = Tu n'as pas regardé le match.
3. *She* .... *(To buy) a car.* = Elle n'a pas acheté de voiture.

Corrections

Phrases affirmatives

1. *He has eaten the pie.* = Il a mangé la tarte.

   On respecte la formule du temps à savoir To have + 3e des verbes irréguliers ou Ed. À la troisième du singulier To have devient has.

2. *You have watched the game.* = Tu as regardé le match.

   On respecte la formule du temps à savoir To have + 3e colonne des verbes irréguliers ou terminaison Ed pour les réguliers. Ici To Watch est un verbe régulier donc « Watched ».

3. *She has bought a car.* = Elle a acheté une voiture.

   On respecte la formule du temps à savoir To have + 3e colonne des verbes irréguliers ou terminaison en Ed pour les réguliers. À la troisième personne TO have devient Has.

Ces trois phrases traduisent un bilan au passé composé. Present perfect.

Phrases interrogatives

1. *Has he eaten the pie?* = Est-ce qu'il a mangé la tarte ?

   L'auxiliaire est To Have/has. On respecte la formule auxiliaire (To have) + sujet + verbe en 3e colonne pour les irréguliers ou terminaison Ed pour les réguliers.

   À la troisième personne du singulier Have devient Has.

   To have traduit « est-ce que » et fait partie de la formule du temps.

2. *Have you watched the game?* = Est-ce que tu as regardé le match ?

   L'auxiliaire est To Have/has. On respect la formule auxiliaire (To have) + sujet + verbe en 3e colonne pour les verbes irréguliers ou terminaison Ed pour les réguliers.

   To Have traduit « est-ce que » et fait partie de la formule du temps.

3. *Has she bought a car?* = Est-ce qu'elle a acheté une voiture ?

   L'auxiliaire est To have/has. On respecte la formule auxiliaire (To have) + sujet + verbe en 3e colonne pour les verbes irréguliers ou terminaison en Ed pour les réguliers.

   À la troisième personne du singulier Have devient Has. To have traduit « est-ce que » et fait partie de la formule.

Phrases négatives

1. *He hasn't (Have + not) eaten the pie.* = Il n'a pas mangé la tarte.

   L'auxiliaire est To have associé à Not. On respect la formule sujet + to Have/has + not + verbe en 3e colonne des verbes irréguliers ou terminaison Ed pour les réguliers.

   À la troisième personne du singulier To have devient Has. Il traduit « est-ce que » et fait partie de la formule du present perfect.

2. *You haven't (To have + not) watched the game.* = Tu n'as pas regardé le match.

   L'auxiliaire est To Have associé à Not. On respecte la formule sujet + To have/has + not + verbe en 3e colonne des verbes irréguliers ou terminaison en Ed pour les réguliers.

   To have traduit « est-ce que » et fait partie de la formule du present perfect.

3. *She hasn't (To have + not) bought a new car.* = Elle n'a pas acheté une nouvelle voiture.

   L'auxiliaire est To have associé à Not. On respecte la formule sujet + To have/has + not + verbe en 3e colonne des verbes irréguliers ou terminaison en Ed pour les réguliers. À la troisième personne du singulier To have devient Has.

   To have traduit « est-ce que » et fait partie de la formule du present perfect.

10. Le preterit progressif

Il traduit l'imparfait de narration, ***de description***. C'est « ***être en train de*** » à l'imparfait.

Il se forme avec To Be (à l'imparfait) + verbe en « Ing ». La formule est donc :

Formule affirmative

→ Sujet + Was/were + verbe en Ing.

He was playing when I called him. = Il était en train de jouer quand je l'ai appelé.

C'est bien *de la narration*, contrairement au *dialogue* qui est utilisé pour ***un échange ou une conversation***, ici on ***raconte, on décrit l'événement***, la personne qui parle a un rôle de ***narrateur***.

Le preterit progressif a deux principaux marqueurs qui sont :

- When : *quand*
- While : *pendant que*

Ils sont utilisés comme « *relatif* », ils ***articulent les deux morceaux de phrases*** et de ce fait imposent l'imparfait de narration.

Il était en train de jouer quand... He was playing when... effectivement la personne qui parle, raconte.

When peut être utilisé comme déclencheur du preterit progressif même si ***il est positionné en début de phrase***.

When he was driving he loved to... = Quand il conduisait il aimait...

Dans ce cas nous sommes aussi sur le registre ***narratif, la personne raconte***.

Formule question

→ Auxiliaire + sujet + verbe
Was/Were + sujet + verbe en Ing

Were you playing? = Est-ce que tu étais en train de jouer ?

To Be (Were) traduit « est-ce que » et l'imparfait de *l'auxiliaire* être (étais).

Formule négation

→ Sujet + auxiliaire + not + verbe en Ing

You + weren't/were + not + playing. = Tu n'étais pas en train de jouer.
He + wasn't/was + not + playing. = Il n'était pas en train de jouer.

To Be (were/was) + not traduit « Ne… pas » et l'imparfait de l'*auxiliaire* « être »

Exercices

Phrases affirmatives

1. *He .... (To drink) coffee.* = Il était en train de boire du café.
2. *You .... (To listen to) the radio that morning.* = Tu étais en train d'écouter la radio ce matin-là.
3. *They .... (To drive).* = Ils étaient en train de conduire.

Phrases interrogatives

1. .... *he .... (To drink) coffee?* = Est-ce qu'il était en train de boire du café ?
2. .... *you .... (To listen to) the radio that morning?* = Est-ce que tu étais en train d'écouter la radio ce matin-là ?
3. .... *they .... (To drive) ....?* = Est-ce qu'ils étaient en train de conduire ?

Phrases négatives

1. *He (To drink) coffee.* = Il n'était pas en train de boire du café.
2. *You .... (To listen to) the radio that morning.* = Tu n'étais pas en train d'écouter la radio ce matin-là.
3. *They .... (To drive).* = Ils n'étaient pas en train de conduire.

Corrections

Phrases affirmatives

1. *He was drinking coffee.* = Il était en train de boire du café.

   On respecte la formule To Be (au preterit) + verbe en « Ing » puisque c'est un progressif. À la troisième personne du singulier To Be = was.

   C'est *être en train de* à l'imparfait.

2. *You were listening to the radio that morning.* = Tu étais en train d'écouter la radio ce matin-là.

   On respecte la formule To Be (au preterit) + verbe en « Ing » puisque c'est un progressif. Ici To be = were.

   C'est *être en train de* à l'imparfait.

3. *They were driving.* = Ils étaient en train de conduire.

   On respecte la formule To Be (au preterit) + verbe en « Ing » puisque c'est un progressif. Ici To Be = were.

   C'est *être en train de* à l'imparfait.

Phrases interrogatives

1. *Was he drinking coffee?* = Est-ce qu'il était en train de boire du café ?

   L'auxiliaire est To be (au preterit) suivi d'un verbe en « Ing ». On respect la formule To Be (was/were) + sujet + verbe en Ing.

   À la troisième personne du singulier To be = was. Il traduit « est-ce que » et fait partie de la formule du temps.

   C'est *être en train de* à l'imparfait.

2. *Were you listening to the radio that morning?* = Est-ce qu'il était en train d'écouter la radio ce matin-là ?

   L'auxiliaire est To be (au preterit) suivi d'un verbe en « Ing ». On respecte la formule To Be (was/were) + sujet + verbe en « Ing ». Ici To Be = were, il traduit le « est-ce que » et fait partie de la formule du temps.

   C'est *être en train de* à l'imparfait.

3. *Were they driving?* = Est-ce qu'ils étaient en train de conduire ?

   L'auxiliaire est To Be (au preterit) suivi d'un verbe en Ing. On respecte la formule To Be (Was/were) + sujet + verbe en Ing. To Be traduit « est-ce que » et fait partie de la formule du temps.

   C'est *être en train de* à l'imparfait.

Phrases négatives

1. *He wasn't (was + not) drinking coffee.* = **Il n'était pas en train de boire du café.**

   L'auxiliaire est To Be (au preterit) associé à not. On respect la formule : sujet + To Be (was/were) + not + verbe en « Ing ».

   To Be + not traduit Ne… pas et être. C'est *être en train de* à l'imparfait.

2. ***You weren't (were + not) listening to the radio that morning. Tu n'étais pas en train d écouter la radio ce matin-là.***

   L'auxiliaire est To Be (au preterit) associé à Not. On respecte la formule sujet + To Be (was/were) + not + verbe Ing.

   To Be + not traduit « Ne… pas » et « être ». C'est *être en train de* à l'imparfait.

3. *They weren't (were + not) driving.* = **Ils n'étaient pas en train de conduire.**

   L'auxiliaire est To Be (au preterit) associé à Not. On respecte la formule sujet + To be (was/were) + not + verbe en Ing.

   To be + not traduit « Ne… pas et « être ». C'est *être en train de* à l'imparfait.

11. Le present perfect progressif

Ce temps traduit uniquement le passé composé en français.

C'est un équivalent du present perfect simple accompagné d'un *aspect progressif*.

Ce dernier ***permettra de situer l'action dans un passé qui vient de se terminer*** ou s'étant déroulé il y a ***peu de temps***, contrairement au present perfect simple qui lui, la plupart du temps, n'est pas daté.

Nous sommes toujours dans la catégorie du ***passé composé de bilan ou constat en anglais***.

> *I have lost my glasses.* = J'ai perdu mes lunettes.

Ici au present perfect simple (To Have + 3e colonne ou Ed).

Il n'y a pas *de marqueur temporel*, si l'on désire savoir quand ? Il faudra ***le demander***.

C'est un *bilan pur et dur*, la personne nous *donne simplement l'information*, l'action n'est *nullement datée*.

Le present perfect progressif quant à lui, même si c'est *implicite de part, sa forme grammaticale*, traduira aussi un ***« bilan ou constat » mais qui s'est produit il y a peu de temps***.

Formule affirmative

> → Sujet + To have + Been + verbe en Ing (sans marqueurs de temps)

La formule est un *marqueur de temps par elle-même*, d'où le terme *marqueur implicite*, on sait que ***l'action ou l'événement s'est achevé il y a peu de temps*** contrairement au present perfect simple qui lui nécessite un marqueur de temps extérieur si l'on souhaite le dater. (Depuis une semaine, dernièrement, etc.)

> *It has been raining.* = Il a plu.

C'est bien un passé composé *de bilan* mais nous savons grâce à la formule ***que l'événement n'est pas très éloigné du présent***.

La scène pourrait être la suivante, « *une personne ouvrant la fenêtre et s'apercevant que le sol est humide* ».

Elle utilisera le present perfect progressif pour faire *le bilan de cet événement*. Il reste *une trace de l'événement* au ***moment où on l'évoque***.

Explication de la formule

Combinaison du present perfect simple de bilan :

To have + 3e *colonne des verbes irréguliers/To Be (been)* complété par le ***verbe d'action en « Ing »***.

Ce qui donne : To Have + *Been (bilan)* + l'aspect ***progressif (Ing)*** sur le verbe d'action, ici (Pleuvoir).

Indication que *c'était encore en cours il y a peu de temps*, par exemple, il *reste une trace* de l'événement.

En général une trace de l'action ou de l'événement sera encore visible.

Formule affirmative

→ Sujet + Have/has + *been* + verbe en ***Ing***

Someone has been *us***ing** *my computer.* = Quelqu'un a utilisé mon ordinateur.

C'est *un bilan* et nous pouvons considérer qu'il y a ***encore une trace de l'action***.

Ex : L'écran est allumé.

Formule question

→ Auxiliaire + sujet + *been* + verbe en ***Ing***

Has + he + been *play***ing** *tennis?* = Est ce qu'il a joué au tennis ?

Comme au present perfect simple, l'*auxiliaire* To Have fait partie intégrante de la formule affirmative, il sert donc d'auxiliaire pour la question.

To have traduit donc le Est-ce que… et prend part à la formule du temps *(passé composé en français)*

Formule négation

→ Sujet + To Have/has + not + *been* + verbe en ***Ing***

He + *hasn't* + been + *play***ing** *tennis.* = Il n'a pas joué au tennis.

L'*auxiliaire* To Have + not traduit ici le « Ne… pas » et prend part à la formule du temps (*passé composé en français).*

Exercices

Phrases affirmatives

1. *He .... (To run).* = Il a couru.
2. *They .... (To drink).* = Ils ont bu.
3. *You .... (To use) my cellphone.* = Tu as utilisé mon téléphone portable.

Phrases négatives

1. *He .... (To run).* = Il n'a pas couru.
2. *They .... (To drink).* = Ils n'ont pas bu.
3. *You .... (To use) my cellphone.* = Tu n'as pas utilisé mon téléphone portable.

Phrases interrogatives

1. .... *he .... (To run)?* = Est-ce qu'il a couru ?
2. .... *they .... (To drink)?* = Est-ce qu'ils ont bu ?
3. .... *you .... (To use) my cellphone?* = Est-ce que tu as utilisé mon téléphone portable ?

Corrections

Phrases affirmatives

1. *He has been running.* = Il a couru.

   Il suffit de connaître et d'appliquer la formule du temps. To have/has + been + verbe en « Ing ».

   Attention à la troisième personne du singulier To Have devient Has.

2. *They have been drinking.* = Ils ont bu.

   Il suffit de connaître et d'appliquer la formule du temps. To Have/has + been + verbe en Ing.

3. *You have been using my computer.* = Tu as utilisé mon ordinateur.

   Il suffit de connaître et d'appliquer la formule du temps. To Have/has + been + verbe en « Ing ».

   C'est bien un bilan au passé composé, il en reste sûrement une trace dans le présent.

Phrases négatives

1. *He has not been running.* = Il n'a pas couru.

   L'auxiliaire est To Have associé à not. On respecte la formule sujet + To Have/has + not + been + verbe en « Ing ».

   À la troisième personne du singulier To Have devient Has.

   Has + not traduit « Ne… pas » et fait partie de la formule globale du temps.

2. *They have not been drinking.* = Ils n'ont pas bu.

   L'auxiliaire est To Have associé à not. On respect la formule sujet + Have/has + not + been + verbe en Ing.

   To have/has + not traduit « Ne… pas » et fait partie de la formule globale du temps.

3. *You have not been using my computer.* = Tu n'as pas utilisé mon ordinateur.

   L'auxiliaire est To Have associé à Not. On respecte la formule sujet + Have/has + not + been + verbe en Ing.

   To Have/has + not traduit « Ne… pas » et fait partie de la formule globale du temps.

Phrases interrogatives

1. *Has he been running?* = Est-ce qu'il a couru ?

   L'auxiliaire est To Have/has, il suffit d'appliquer la formule Have/has + sujet + been + verbe en Ing.

   À la troisième personne du singulier To have devient has et traduit « est-ce que » tout en faisant partie de la formule globale du temps.

2. *Have they been drinking?* = Est-ce qu'ils ont bu ?

   L'auxiliaire est To Have/has, il suffit d'appliquer la formule Have/has + sujet + been + verbe en « Ing ».

   To Have traduit « est-ce que » et fait partie de la formule globale du temps.

3. *Have you been using my computer?* = Est-ce que tu as utilisé mon ordinateur ?

   L'auxiliaire est To Have/has, il suffit d'appliquer la formule Have/has + sujet + been + verbe en « Ing ».

   To Have traduit « est-ce que » et fait partie de la formule globale du temps.

   Il est important de noter l'importance des formules. Lorsqu'on les connaît il n'y a plus de difficultés majeures, il suffit d'appliquer comme des gammes au piano.

11bis. Le present perfect progressif + Since ou For (Depuis)

Contrairement à *l'explication commune mais peu rationnelle*, ce n'est pas **un passé qui n'est pas fini,** puisque par définition ceci ***est impossible***. Un passé est ***toujours révolu***.

C'est une *nouvelle variante* du present perfect et plus exactement dans le cas précis, une autre forme du present perfect progressif. (*il y a toujours une notion de bilan*).

Il traduit un ***événement commencé dans le passé mais toujours en cours au moment où on le dit***. En français on le traduit par un présent.

Ex : Il chante depuis ce matin… L'action est ***toujours en cours au moment ou on l'évoque,*** pourtant elle a bien ***commencé dans le passé (ce matin)***.

On retrouve l'aspect « **constat, bilan** » mais ***toujours en cours***.

Formule affirmative

→ Sujet + Have/has + been + verbe en Ing + since/for (depuis).

He + has + been + playing tennis + for two hours. = Il joue au tennis depuis deux heures.

On parle bien d'un événement commencé dans le passé ***(il y a deux heures)*** et toujours en *cours au moment où on l'évoque*.

C'est donc un présent en français, mais le marqueur « Depuis » fait toute la différence, permettant à *l'action d'être toujours en cours au moment où on le dit*.

Pour l'anglais, effectivement, ***cela ne peut pas être*** un présent.

Voici comment l'anglais analyse ce temps pour en ressortir la formule suivante :

→ To Have + been + verbe en Ing + Since/For
To have + been : present perfect (***temps du bilan***) + verbe en Ing (***aspect progressif donc en cours***) + marqueur Since/For : depuis ***(impliquant que l'événement n'est pas terminé dans le présent)***.

C'est bien *le bilan d'un événement commencé dans le passé et toujours en cours au moment où on l'évoque*, ce qui correspond à un présent pour le français.

L'erreur commune est la suivante lorsque l'on fait un copier-coller sur le français :

He is playing tennis since this morning.

→ Présent progressif puisque (*en cours*) et Since/For ***depuis***.

C'est impossible en anglais. La grammaire anglaise est bien plus complexe.

Formule question

→ Auxiliaire + sujet + been + verbe en Ing + Since/For

Has + he + been + playing tennis + since this morning? = Est ce qu'il joue au tennis depuis ce matin ?

To Have fait partie *intégrante de la formule du temps*, il sert donc d'auxiliaire pour la question.

To Have traduit donc… « Est ce que » et fait partie de la ***formule du temps***.

Formule négation

→ Sujet + to have/has + not + been + verbe en Ing + Since/For

He + hasn't + been + playing + since this morning. = Il ne joue pas depuis ce matin.

L'*auxiliaire* To have + not traduit « Ne… pas » et fait partie ***de la formule du temps*** même si l'on utilise très peu la forme négative de ce temps.

Exercices

Phrases affirmatives

1. *He ……………… (To sleep) since this morning.* = Il dort depuis ce matin.
2. *They (To run) for one hour.* = Ils courent depuis une heure.
3. *She ……………… (To learn) English for 3 years.* = Elle apprend l'anglais depuis 3 ans.

Phrase interrogative

1. .... *he* .... *(To sleep) since this morning?* = Est-ce qu'il dort depuis ce matin ?
2. .... *they* .... *(To run) for one hour?* = Est-ce qu'il court depuis une heure ?
3. .... *she (To learn) English for 3 years?* = Est-ce qu'elle apprend l'anglais depuis 3 ans ?

Phrases négatives

Cette forme est rare.

She .... *(To learn) English for 3 years.* = Elle n'apprend pas l'anglais depuis 3 ans.

Corrections

Phrases affirmatives

1. *He has been sleeping since this morning.* = Il dort depuis ce matin.

   On applique la formule du temps To have/has + been + verbe en Ing. On utilise since/depuis avec une date ou une fraction de journée, afin de traduire une période que l'on ne peut pas compter comme « un matin ». Attention à la troisième personne du singulier To have devient Has.

2. *They have been running for one hour.* = Ils courent depuis une heure.

   On applique la formule du temps To have/has + been + verbe en « Ing ». On utilise for/depuis avec une durée que l'on peut compter (une heure), on peut compter des heures. 1,2,3 heures.

3. *She has been learning english for 3 years.* = Elle apprend l'anglais depuis 3 ans.

   On applique la formule du temps To Have/has + been + verbe en « Ing ». On utilise For/depuis avec une durée que l'on peut compter (des années), Il est possible de compter des années (1, 2, 3 ans).

   À la troisième personne du singulier To Have devient has.

Phrases interrogatives

1. *Has he been sleeping since this morning?* = Est-ce qu'il dort depuis ce matin ?

   L'auxiliaire est To Have. On applique la formule auxiliaire (Have/has) + sujet + been + verbe en Ing + since/for.

   À la troisième personne du singulier To Have devient has. Il traduit « est-ce que » et fait partie de la formule globale du temps.

2. *Have they been running for one hour?* = Est-ce qu'ils courent depuis une heure ?

   L'auxiliaire est To Have. On applique la formule auxiliaire (Have/has) + sujet + been + verbe en Ing + since/for.

   To Have traduit « est-ce que » et fait partie de la formule globale du temps.

3. *Has she been learning English for 3 years?* = Est-ce qu'elle apprend l'anglais depuis 3 ans ?

   L'auxiliaire est To Have. On applique la formule auxiliaire (Have/has) + sujet + been + verbe en « Ing » + since/for.

   Attention à la troisième personne du singulier To have devient has. Il traduit « est-ce que » et fait partie de la formule globale du temps.

Phrase négative

She has not been learning English for 3 years. = Elle n'apprend pas l'anglais depuis 3 ans.

L'auxiliaire est To Have/has associé à Not. On applique la formule du temps sujet + Have/has + not + been + verbe en Ing et since/for.

À la troisième personne du singulier To have devient has. To have + not traduit Ne… pas et fait partie de la formule globale du temps.

12. To have + just + verbe en 3e colonne ou Ed

Cette formule a pour équivalent en français « ***vient de*** + ***verbe à l'infinitif*** ».

> Je ***viens d'acheter*** une télévision.

Sans s'en rendre compte on utilisera cette *formule en français tout juste sortie du magasin*. Si l'on donne la *même information 10 minutes plus tard*, on utilisera un passé composé lambda : *J'ai acheté* une télévision.

> Je viens d'acheter une télé.

Formule affirmative

→ Sujet + To Have + just + verbe en 3e colonne ou Ed pour les verbes réguliers.

> *I* + *have* + *just* + *bought a tv.* = Je viens d'acheter une télé.
> *She* + *has* + *just* + *called.* = Elle vient d'appeler.

Formule négation

→ Sujet + Have/has + not + just + verbe en 3e colonne ou Ed

Cette forme *n'est quasiment pas utilisée* en langue même si elle existe.

Formule question

→ Have/has + sujet + just + verbe en 3e colonne ou Ed.

Tout comme pour *la négation cette formule est peu commune même si elle existe.*

Exercices

Phrases affirmatives

1. *He* .... *(To Arrive).* = Il vient d'arriver.
2. *You* .... *(To Call).* = Tu viens d'appeler.
3. *They* .... *(To Eat).* = Ils viennent de manger.

Phrases interrogatives

1. .... *he* .... *(To Arrive)?* = Est-ce qu'il vient d'arriver ?
2. .... *you* .... *(To Call)?* = Est-ce que tu viens d'appeler ?
3. .... *they* .... *(To Eat)?* = Est-ce qu'ils viennent de manger ?

Phrases négatives

He .... *(To Arrive).* = Il ne vient pas d'arriver.

Cette forme est plus rare car un peu maladroite.

Corrections

Phrases affirmatives

1. *He has just arrived.* = Il vient d'arriver.

   On applique la formule de cette forme puisque ce n'est pas un temps. Sujet + To have/has + just + verbe en 3e colonne pour les irréguliers et terminaison Ed pour les réguliers.

   À la troisième personne du singulier To have devient Has.

   On ne traduit pas « juste » en français, il y aurait répétition (Il vient juste d'arriver) ce n'est pas la peine.

2. *You have just called.* = Tu viens d'appeler.

   On applique la formule de cette forme puisque ce n'est pas un temps. Sujet + To have/has + just + verbe en 3e colonne des verbes irréguliers ou terminaison en « Ed » pour les réguliers.

3. *They have just eaten.* = **Ils viennent de manger.**

On applique la formule de cette forme puisque ce n'est pas un temps. Sujet + To have/has + just + verbe en 3e colonnes des verbes irréguliers ou terminaison en « Ed » pour les réguliers.

Il est inutile de traduire « Just » par « juste » en français puisque l'ensemble traduit « vient ».

Phrases interrogatives

1. *Has he just arrived?* = **Est-ce qu'il vient d'arriver ?**

L'auxiliaire est To Have, on le reprend donc en l'associant à la formule To Have/has + sujet + just + verbe en 3e colonne ou Ed pour les réguliers. To Have devient Has à la 3e personne du singulier.

To Have traduit « est-ce que » et fait partie de la formule globale du temps.

2. *Have you just called?* = **Est-ce que tu viens d'appeler ?**

L'auxiliaire est To have, on le reprend donc en l'associant à la formule To have/has + sujet + just + verbe en 3e colonne ou terminaison Ed pour les réguliers.

To Have/has traduit « est-ce que » et fait partie de la formule.

3. *Have they just eaten?* = **Est-ce qu'ils viennent de manger ?**

L'auxiliaire est To Have, on le reprend donc en l'associant à la formule To Have/has + sujet + just + verbe en 3e colonne ou Ed pour les verbes réguliers.

Il n'y a pas de difficultés si l'on applique les formules du cours.

Phrases négatives

He hasn't (Has + not) just arrived. = **Il ne vient pas d'arriver.**

L'auxiliaire est To have que l'on associe à Not tout en respectant la formule sujet + auxiliaire (have) + not + just + verbe en 3e colonne ou Ed pour les réguliers.

Attention à la 3e personne du singulier to Have devient Has.

13. Plus perfect ou plus-que-parfait

C'est l'un des passés que l'on utilise pour ***la narration***. Il correspond au ***temps du bilan au sein d'une narration, comme un temps composé servant à narrer un bilan***.

C'est l'équivalent du passé composé (present perfect, il permet un bilan) mais sur le ***plan narratif***. (Lorsqu'on ***raconte***)

Il se forme en français avec l'imparfait de l'auxiliaire être ou avoir plus participe passé.

> Il était parti = Imparfait de l'auxiliaire être + participe passé.
> Il avait mangé = Imparfait de l'auxiliaire avoir + participe passé.

Formule affirmative

→ Had + verbe en 3e colonne ou Ed

> *He had left.* = Il était parti / Had + 3^e.
> *He had eaten.* = Il avait mangé / Had + 3^e.

Il est important de noter qu'il existe une différence ***entre le français et l'anglais***.

Nous utilisons en français l'auxiliaire avoir ou être à l'imparfait + un verbe au participe passé.

L'anglais quant à lui utilise uniquement l'auxiliaire avoir au preterit (had) + verbe en 3e colonne ou Ed, donc au participe passé.

Une nouvelle fois l'erreur serait *de penser en français* et de vouloir traduire ce temps avec ***l'imparfait de l'auxiliaire être ou avoir + participe passé,*** ce qui serait *impossible en anglais* et donnerait :

> *He* was left ≠ Il *était parti* (impossible).
> *He had left.* = Il était parti est correct.

Had + 3^e colonne ou Ed que l'on soit sur ***« avoir ou être à l'imparfait » en français***.

Le present perfect et le plus-que-parfait ont donc une forme commune.

- Present perfect : To Have /has + 3^e colonne des verbes irréguliers ou Ed « auxiliaire au présent + participe passé du verbe puisque c'est un passé composé.
- Plus-que-parfait : Had + 3^e colonne des verbes irréguliers ou Ed « auxiliaire à l'imparfait (preterit) + participe passé du verbe puisque c'est un plus-que-parfait.

On retrouvera les principaux marqueurs :

- For/during : *Pendant*
- Since/for : *Depuis*

Formule question

On respectera une nouvelle fois la formule générale *auxiliaire + sujet + verbe.*

Dans la formule *affirmative* du temps en anglais nous trouvons *l'auxiliaire* avoir à l'imparfait = Had. Il suffit donc de l'appliquer à la formule d'une question en anglais.

→ Auxiliaire + sujet + verbe
Had + sujet + verbe en 3e colonne ou Ed.

Had + he + eaten? = Est ce qu'il avait mangé ?
Had + they + left? = Est-ce qu'ils étaient partis ?

Had traduira « est-ce que » et fait partie de l'ensemble de la formule du plus-que-parfait.

On observe qu'ici l'*auxiliaire* avoir ne change pas avec ***he ou she***, il se conjugue avec had peu importe le sujet.

Formule négation

Tout comme pour la question on reprend l'*auxiliaire* « avoir à l'imparfait » présent dans la formule de départ associée à Not.

→ Sujet + hadn't (had + not) + verbe en 3e colonne ou Ed.

He + hadn't + eaten. = Il n'avait pas mangé.
They + hadn't + left. = Ils n'étaient pas partis.

On observe que l'*auxiliaire* Had + not traduit le « Ne…pas » et fait partie de la formule du plus-que-parfait.

Pour la *question et la négation* l'erreur serait une fois encore de *penser en français* et de ne pas respecter « had + 3e colonne » puisque nous utilisons avoir et être à l'imparfait + participe passé pour traduire ce temps, ce qui ***n'est pas possible en anglais***.

Exercices

Phrases affirmatives

1. *He* .... *(To drive).* = Il avait conduit.
2. *They* .... *(To leave).* = Ils étaient partis.
3. *You* .... *(To sleep).* = Tu avais dormi.

Phrases interrogatives

1. .... *he* .... *(To drive)?* = Est-ce qu'il avait conduit ?
2. .... *they* .... *(To leave)?* = Est-ce qu'ils étaient partis ?
3. .... *you* .... *(To sleep)?* = Est-ce que tu avais dormi ?

Phrases négatives

1. *He* .... *(To drive).* = Il n'avait pas conduit.
2. *They* .... *(To leave).* = Ils n'étaient pas partis.
3. *You* .... *(To sleep).* = Tu n'avais pas dormi.

Corrections

Phrases affirmatives

1. *He had driven.* = Il avait conduit.

   On applique la formule du temps sujet + had + 3^e^ colonne ou terminaison Ed pour les verbes réguliers.

   Attention Had ne change pas selon le sujet et ne pas penser en français, il faut appliquer Had + 3^e^.

2. *They had left.* = Ils étaient partis.

   On applique la formule du temps sujet + had + 3^e^ colonne ou terminaison Ed pour les verbes réguliers.

   Attention Had ne change pas selon le sujet et ne pas penser en français, il faut appliquer Had + 3^e^ même si ici « étaient ». Were est impossible.

3. *You had slept.* = Tu avais dormi.

   On applique la formule du temps sujet + Had + 3^e^ colonne ou terminaison Ed pour les verbes réguliers.

   Attention Had ne change pas selon le sujet et ne pas penser en français, il faut respecter Had + 3^e^ ou Ed.

Phrases interrogatives

1. ***Had he driven?*** **= Est-ce qu'il avait conduit ?**

   Pas de difficultés, l'auxiliaire est To have (Had), on applique la formule Had + sujet + verbe en 3e colonne ou Ed.

   Had ne change pas selon le sujet et traduit « est-ce que » tout en faisant partie de la formule du temps. Ne pas penser en français.

2. ***Had they left?*** **= Est-ce qu'ils étaient partis ?**

   Ne pas penser en français et respecter Had + 3e même si (were/étaient).

   L'auxiliaire est To have (had) , on applique la formule Had + sujet + verbe en 3e colonne ou terminaison Ed pour les réguliers.

   Had ne change pas selon le sujet et traduit « est-ce que » tout en faisant partie de la formule globale du temps.

3. ***Had you slept?*** **= Est-ce que tu avais dormi ?**

   Pas de difficultés, l'auxiliaire est To have (Had), on applique la formule Had + sujet + verbe en 3e colonne ou terminaison « Ed » pour les réguliers.

   Had ne change pas selon le sujet et traduit « est-ce que » tout en faisant partie de la formule globale du temps.

Phrases négatives

1. ***He hadn't (had + not) driven.*** **= Il n'avait pas conduit.**

   Pas de difficultés, l'auxiliaire est To have (Had) que l'on associe à Not tout en respectant sujet + had + not + verbe en 3e colonne ou terminaison Ed pour les réguliers.

   Had + not traduit « Ne… pas » et fait partie de la formule globale du temps.

2. ***They hadn't left.*** **= Ils n'étaient pas partis.**

   Ne pas penser en français et respecter Had + 3e même si (étaient/were).

   L'auxiliaire est To have (Had) que l'on associe à Not tout en respectant sujet + Had + not + verbe en 3e colonne ou Ed pour les verbes réguliers.

   Had + not traduit « Ne…pas » et fait partie de la formule globale du temps.

3. ***You hadn't (Had + not) slept.*** **= Tu n'avais pas dormi.**

   Pas de difficultés, l'auxiliaire est To have (had) que l'on associe à Not tout en respectant sujet + had + not + verbe en 3e colonne ou terminaison Ed pour les réguliers.

   Had + not traduit « Ne… pas » et fait partie de la formule globale du temps.

14. Plus perfect progressif

C'est l'équivalent du present perfect progressif (***bilan venant de se terminer ou ayant laissé une trace***) mais l'action s'effectue ***dans la narration***.

Même si aucun marqueur de temps n'apparaît, la forme en elle-même ***implique le bilan d'une action venant de se terminer dans le passé ou ayant laissé une trace au moment où on la raconte.*** Cette forme de plus-que-parfait est ***précise de façon implicite dans la narration***.

> *It had* been *rain*ing. = Il avait plu, (on pouvait le ***voir grâce au sol encore humide***).

En utilisant cette forme l'Anglais comprend ***qu'au moment où il raconte l'action ou en fait le bilan dans le passé, cette dernière était en cours peu de temps auparavant***. Il en reste une ***trace*** contrairement à un plus-que-parfait simple qui lui n'est pas *daté et traduit un simple bilan/constat dans la narration*.

> *It had rained.* = Il avait plu (plus-que-parfait simple)

Ici rien n'indique que l'action vient de se terminer ou s'est terminée *il y a peu de temps au moment ou il en fait le bilan dans la narration*.

Formule affirmative

→ Sujet + Had + *been* + verbe en *Ing*

> *He had* been *playing*. = Il avait *joué*.

Formule question

On retrouve l'*auxiliaire* avoir (au preterit : Had) dans la formule du temps, on l'utilisera donc dans la *formule de la question* en tant qu'*auxiliaire*.

→ Auxiliaire + sujet + *been* + verbe en *Ing*

> *Had* + *he* + been + *playing*? = Est ce qu'il avait *joué* ?

Had traduira « Est ce que » et fait partie de la formule du plus perfect progressif.

Formule négation

Tout comme pour *la question*, on reprendra pour *la négation* l'*auxiliaire* avoir (Had) en y ajoutant Not.

→ Sujet + hadn't (had + not) + *been* + verbe en *Ing*

He + *hadn't* + been + *playing*. = Il n'avait pas *joué*.

Ici Had + not traduira le « Ne… pas » et fait partie de la formule du plus perfect progressif.

Exercices

Phrases affirmatives

1. *He* ……………… *(To drive)*. = Il avait conduit.
2. *They* ……………… *(To run)*. = Ils avaient couru.
3. *You* ……………… *(To sleep)*. = Tu avais dormi.

Phrases interrogatives

1. ……………… *he* ……………… *(To drive)?* = Est-ce qu'il avait conduit ?
2. ……………… *they* ……………… *(To run)?* = Est-ce qu'ils avaient couru ?
3. ……………… *you* ……………… *(To sleep)?* = Est ce que tu avais dormi ?

Phrases négatives

1. *He* ……………… *(To drive)*. = Il n'avait pas conduit.
2. *They* ……………… *(To run)*. = Ils n'avaient pas couru.
3. *You* ……………… *(To sleep)*. = Tu n'avais pas dormi.

Corrections

Phrases affirmatives

1. *He had been driving*. = Il avait conduit.

   Pas de difficultés, il suffit d'appliquer la formule du temps sujet + Had + been + verbe en « Ing » puisqu'il y a un aspect progressif, trace du constat dans la narration.

   Had ne change pas.

2. *They had been running.* = Ils avaient couru.

   Pas de difficultés, il suffit d'appliquer la formule du temps sujet + had + been + verbe en « Ing » puisqu'il y a un aspect progressif, trace du constat dans la narration.

   Had ne change pas.

3. *You had been sleeping.* = Tu avais dormi.

   Pas de difficultés, il suffit d'appliquer la formule du temps sujet + had + been + verbe en « Ing » puisqu'il y a un aspect progressif, trace du constat dans la narration.

   Had ne change pas.

Phrases interrogatives

1. *Had he been driving?* = Est-ce qu'il avait conduit ?

   L'auxiliaire est To have (had), on applique la formule auxiliaire (had) + sujet + been + verbe en Ing.

   Had traduit « est-ce que » et fait partie de la formule temps. Interdit de penser en français.

2. *Had they been running?* = Est-ce qu'ils avaient couru ?

   L'auxiliaire est To have (had), on applique la formule auxiliaire (had) + sujet + been + verbe en « Ing » puisqu'il y a un aspect progressif.

   Had traduit « est-ce que » et fait partie de la formule du temps. Interdit de penser en français.

3. *Had you been sleeping?* = Est-ce que tu avais dormi ?

   L'auxiliaire est To have (had), on applique la formule auxiliaire (Had) + sujet + been + verbe en Ing puisqu'il y a un aspect progressif.

   Had traduit « est-ce que » et fait partie de la formule du temps. Interdit de penser en français.

Phrases négatives

1. *He hadn't been driving.* = Il n'avait pas conduit.

   Pas de difficultés, l'auxiliaire est To have (had) associé à Not. On respect sujet + had + not + been + verbe en Ing puisqu'il y a un aspect progressif.

   Had + not traduit « Ne… pas » et fait partie de la formule du temps.

   Interdit de penser en français.

2. ***They hadn't (Had + not) been running.* = Ils n'avaient pas couru.**

Pas de difficultés, l'auxiliaire est To have (had) associé à Not. On respect sujet + had + not + been + verbe en « Ing » puisqu'il y a un aspect progressif.

Had + not traduit « Ne… pas » et fait partie de la formule du temps.

Interdit de penser en français.

3. ***You hadn't (had + not) been sleeping.* = Tu n'avais pas dormi.**

Pas de difficultés, l'auxiliaire est To have (had) associé à Not. On respect sujet + had + not + been + verbe en « Ing » puisqu'il y a un aspect progressif.

Had + not traduit « Ne… pas » et fait partie de la formule du temps.

Interdit de penser en français.

15. Plus perfect progressif + Since/For (depuis)

C'est l'un des *temps de la narration.*

Il traduira un ***événement commencé « dans le passé » mais toujours » en cours « au moment où on le raconte, dans le passé.***

C'est l'équivalent du present perfect progressif en Since/For qui lui, traduit un ***événement commencé dans le passé et toujours en cours dans le présent.***

C'est donc une technique *narrative.*

Formule affirmative

→ Sujet + Had + *been* + verbe en Ing + since/for

He had been *playing since the morning.* = Il avait joué depuis le matin.

Formule question

→ Auxiliaire + sujet + verbe
Had + sujet + *been* + verbe en *Ing* + since/for

Had + *he* + been + *playing* + *since the morning?* = Est-ce qu'il avait *joué* depuis le matin ?

Had traduit « est-ce que » et fait partie de la *formule du temps.*

Formule négation

→ Sujet + hadn't (had + not) + *been* + verbe en *Ing* + since/for

He + *hadn't* + been + *playing* + *Since/For.* = Il n'avait pas *joué* depuis le matin.

Had + not traduit « Ne… pas » et fait partie de la *formule du temps.*

Dans cette formule la façon d'effectuer le choix entre Since ou For est la suivante :

On utilisera Since avec une date et For avec une durée.

On peut compter une durée, ex 6 jours en revanche il est impossible de compter une date.

- Since 1945 : *Depuis* 1945 (date).
- For 2 years : *Depuis 2 ans* (durée).

Exercices

Phrases affirmatives

1. *He .... (To drive) since the morning.* = Il avait conduit depuis le matin.
2. *They .... (To swim) for one hour.* = Ils avaient nagé depuis une heure.

Phrases interrogatives

1. *................. he .... (To drive) since the morning?* = Est-ce qu'il avait conduit depuis le matin ?
2. *................. they .... (To swim) for one hour?* = Est-ce qu'ils avaient nagé depuis une heure ?

Phrases négatives

1. *He .... (To drive) since the morning.* = Il n'avait pas conduit depuis le matin.
2. *They .... (To swim) for one hour.* = Ils n'avaient pas nagé depuis une heure.

Corrections

Phrases affirmatives

1. *He had been driving since the morning.* = Il avait conduit depuis le matin.

   Une fois que l'on a reconnu le temps il suffit d'appliquer la formule commentée dans la partie cours.

   → Sujet + Had + been + verbe en « Ing » + since/for

   On utilise Since (depuis) avec un événement daté (qu'on ne peut pas compter). Ex : le matin.

2. *They had been swimming for one hour.* = Ils avaient nagé depuis une heure.

   Une fois que l'on a reconnu le temps il suffit d'appliquer la formule commentée dans la partie cours.

   → Sujet + Had + been + verbe en « Ing » + since/for

   On utilise For (depuis) avec une durée (que l'on peut compter). Ex : 1, 2, 3 heures.

Phrases interrogatives

1. *Had he been driving since the morning? Est-ce qu'il avait conduit depuis le matin?*

   Pas de difficultés. L'auxiliaire est To have (Had), on applique la formule commentée dans le cours à savoir auxiliaire (Had) + sujet + been + verbe en « Ing » + since/for.

   On utilise Since (depuis) avec un événement daté (qu'on ne peut pas compter). Ex : le matin.

   Had traduit « est-ce que » et fait partie de la formule globale du temps.

2. *Had they been swimming for one hour? Est-ce qu'ils avaient nagé depuis une heure.*

   Pas de difficultés. L'auxiliaire est To have (Had), on applique la formule commentée dans le cours à savoir auxiliaire (Had) + sujet + been + verbe en « Ing » + since/for.

   On utilise for (depuis) ave une durée (que l'on peut compter). Ex : 1, 2, 3 heures.

   Had traduit « est-ce que » et fait partie de la formule globale du temps.

Phrases négatives

1. *He had not been driving since the morning.* = Il n'avait pas conduit depuis le matin.

   L'auxiliaire est To have (had) associé à Not. On respect la formule sujet + Had + not + been + verbe en Ing + since/for.

   On utilise Since (depuis) avec un événement daté (qu'on ne peut pas compter). Ex : le matin.

   Had + not traduit « Ne… pas » et fait partie de la formule.

2. *They had not been swimming for one hour.*

   L'auxiliaire est To have (Had) associé à Not. On respect la formule sujet + had + not + been + verbe en Ing + since/for.

   On utilise for (depuis) avec une durée (que l'on peut compter). Ex : 1, 2, 3 heures.

   Had + not traduit « Ne… pas » et fait partie de la formule.

   Attention à ne pas penser en français mais à chercher les équivalents.

16. To be going to au preterit

Nous avons déjà vu cette formule pour traduire un présent à valeur de futur proche avec le verbe Aller.

I am going to *the swimming pool.* = Je vais à la piscine.

On la retrouve au preterit pour *traduire* un futur dans le passé avec ce même *verbe*.

Sens d'un futur dans le passé.

On l'utilise pour ***exprimer une action** future **au moment où on l'évoque dans** le passé*.

Exemple en français : ***Quand*** je *l'ai vu* ce matin il m'a dit qu'il *allait* à la piscine.

C'est bien *un futur dans le passé*. Lorsqu'on raconte, on évoque ***un événement ayant lieu dans le futur au moment ou l'on en parle dans le passé***.

On utilise bien le *verbe Aller* à l'imparfait mais avec un sens futur, c'est pourquoi nous ne sommes pas sur le preterit du *verbe To go « went »* mais sur la formule futur (proche) du *verbe Aller* « To be *going to* »

Attention, « To Be *going To* » au passé peut être aussi *utilisé comme* un imparfait de *narration simple*.

He was going to *the swimming pool.* = Il allait à la piscine.

Ici nous sommes sur ***le mode narratif simple***, il n'est pas question d'un (futur dans le passé). C'est la traduction du preterit progressif du *verbe « Aller »*.

Formule affirmative

→ Sujet + was/were + *going to.*

When I met *him yesterday morning he* told *me he* was going to *the cinema in the evening.* = Lorsque je *l'ai rencontré* hier matin il *m'a dit* qu'il allait au cinéma le soir.

Dans cette phrase l'aspect futur du *verbe « Aller »* prend tout ***son sens et nous sommes bien*** sur un futur dans le passé.

Comme au présent à valeur de futur proche (avec am, are, is), seul l'*auxiliaire* To Be est conjugué au preterit. (was/were) + *going to.*

Formule question

→ Auxiliaire + sujet + *going to*

Were + *you* + going to *the swimming-pool?* = Est ce que tu allais à la piscine ?

To Be (was ou were) traduit non seulement « est-ce que » mais aussi le preterit progressif en faisant partie de la *formule du temps.*

Dans ce cas To Be *going to* au passé sera utilisé comme un imparfait de ***narration*** et non comme un futur proche.

Est-ce que tu allais à la piscine ? = *Were you going to the swimming-pool?*

Ici on nous demande de *raconter ce que l'on était en train de faire, type interrogatoire.* C'est le preterit progressif du *verbe « Aller »*.

Formule négation

La *négation quant à elle peut traduire* soit un futur dans le passé soit le preterit progressif *d'aller.*

→ Sujet + to be (was/were) + not + *going to.*

He wasn » t going to *the swimming-pool.* = Il n'allait pas à la piscine…

Ici *on raconte sur le mode de l'imparfait de narration.*

Was/were + not traduit « Ne… pas » et fait partie *de la formule du temps.*

Attention : was/were ne traduit pas « était ».

En revanche :

I met him this morning and he told me he wasn't going to the swimming-pool in the afternoon. = Je l'ai rencontré ce matin et il m'a dit qu'il n'*allait* pas à la piscine l'après-midi.

Dans ce cas la *négation est utilisée pour traduire un futur dans le passé.*

Wasn't ou weren 't + *going to* traduit non seulement « Ne…pas » mais aussi le preterit progressif du *verbe « Aller »* ou futur dans le passé.

Exercices

Phrases affirmatives

1. *You .... (To be going to) the swimming pool that afternoon.* = Tu allais à la piscine cet après-midi-là.
2. *She .... (To be going to) drive the car.* = Elle allait conduire la voiture.
3. *He .... (To be going to) call you.* = Il allait t'appeler.

Phrases interrogatives

1. .... *you* .... *(To be going to) the swimming pool that afternoon?* = Est-ce que tu allais à la piscine cet après-midi-là ?
2. .... *she* .... *(To be going to) drive the car?* = Est-ce qu'elle allait conduire la voiture ?
3. .... *he* .... *(To be going to) call you?* = Est-ce qu'il allait t'appeler ?

Phrases négatives

1. *You* .... *(To be going to) the swimming pool that afternoon.* = Tu n'allais pas à la piscine cet après-midi-là.
2. *She* .... *(To be going to) drive the car.* = Elle n'allait pas conduire la voiture.
3. *He* .... *(To be going to) call you.* = Il n'allait pas t'appeler.

Corrections

Phrases affirmatives

1. *You were going to the swimming pool that afternoon.* = Tu allais à la piscine cet après-midi-là.

   Il suffit de conjuguer To Be au preterit à la personne qui convient (were) en l'associant à « Going to » afin de traduire Aller à l'imparfait de narration.

   L'ensemble traduit bien « Aller » en français.
2. *She was going to drive the car.* = Elle allait conduire la voiture.

   Il suffit de conjuguer To Be au preterit à la personne qui convient (was) en l'associant à « Going to » afin de traduire « Aller » à l'imparfait de narration.

   L'ensemble traduit « Aller » en français.
3. *He was going to call you.* = Il allait t'appeler.

   Il suffit de conjuguer To Be au preterit à la personne qui convient (was) en l'associant à « Going to » afin de traduire Aller à l'imparfait de narration.

   L'ensemble traduit « Aller » en français.

Phrases interrogatives

1. *Were you going to the swimming pool that afternoon?* = Est-ce que tu allais à la piscine cet après-midi-là ?

   C'est une question avec l'auxiliaire être (To Be) puisqu'inclus dans « To be going to ». On respecte la formule auxiliaire + sujet + verbe. Dans « To be going to » le verbe est Going to. On retrouve donc To Be (au preterit were) + sujet + going to.

   To Be traduit « est-ce que » et fait partie de la formule globale du temps.

2. *Was she going to drive the car?* = Est-ce qu'elle allait conduire la voiture ?

   C'est une question avec l'auxiliaire être (To Be) puisqu'inclus dans « To be going to ». On respecte la formule auxiliaire + sujet + verbe. Dans « To be going to » le verbe est Going to. On retrouve donc To Be (au preterit was) + sujet + going to.

   To Be traduit « est-ce que » et fait partie de la formule globale du temps.

3. *Was he going to call you?* = Est-ce qu'il allait t'appeler ?

   C'est une question avec l'auxiliaire être (To Be) puisqu'inclus dans « To be going to ». On respecte la formule auxiliaire + sujet + verbe. Dans « To be going to » le verbe est Going to. On retrouve donc To Be (au preterit was) + sujet + going to.

   To Be traduit « est-ce que » et fait partie de la formule globale du temps.

Phrases négatives

1. *You were not going to the swimming pool that afternoon.* = Tu n'allais pas à la piscine cet après-midi-là.

   On reprend l'auxiliaire être (To Be au preterit) associé à Not puisqu'inclus dans « To be going to ». On respecte la formule sujet + To Be (were) + not + going to.

   To Be + not traduit « Ne… pas » et fait partie de l'ensemble de la formule.

2. *She wasn't (was + not) going to drive.* = Elle n'allait pas conduire.

   On reprend l'auxiliaire être (To Be au preterit) associé à Not puisqu'inclus dans « To be going to ». On respect la formule sujet + To Be (was) + not + going to.

   To Be + not traduit « Ne… pas » et fait partie de l'ensemble de la formule.

3. *He was not going to call you.* = Il n'allait pas t'appeler.

   On reprend l'auxiliaire être (To Be au preterit) associé à Not puisqu'inclus dans « To be going to ». On respecte la formule sujet + To Be (was) + not + going to.

   To Be + not traduit « Ne… pas » et fait partie de l'ensemble de la formule.

17. Would en tant qu'imparfait d'habitude

On *peut traduire* l'imparfait d'*habitude* (***technique narrative pour exprimer une action ou une habitude dans le passé***) avec :

Formule affirmative

→ Sujet + Would + *verbe à l'infinitif sans to.*

Ici « Would » ne correspond plus *au modal qui traduit* habituellement le conditionnel ou *la politesse* lorsqu'on l'utilise dans une question.

After dinner he « would smoke » *a cigare.* = Après dîner il *fumait* un cigare ***(aspect répétitif et habituel de l'action).***

On décrit ***bien une habitude*** dans le passé à l'imparfait puisqu'on ***la raconte.***

C'est une des formules pour *traduire une habitude dans le passé à l'aide d'un imparfait de narration.*

Formule question

→ Auxiliaire + sujet + *verbe à l'infinitif sans To.*

Would + *he* + smoke *a cigare after dinner?* = Est-ce qu'il fum*ait* un cigare après dîner ?

Dans le ***sens habituel.***

Attention :

« Would » *traduit* non seulement « est-ce que » mais aussi l'imparfait *d'habitude* et non pas la *politesse* exprimée dans son sens le plus commun :

« Would you like a cup of tea? » = Aimeriez-vous une tasse de thé ?

Formule négation

→ Sujet + would + not + *verbe à l'infinitif sans To*

He + *would* + *not* + smoke *a cigare after dinner.* = Il ne *fumait* pas le cigare après dîner. ***(dans le sens habituel de l'événement, on raconte)***

Would not *traduit* non seulement « Ne… pas » mais aussi l'imparfait *d'habitude.*

Exercices

Phrases affirmatives

1. *She .... (To run) every evening.* = Elle courait tous les soirs.
2. *They .... (To play) chess after dinner.* = Ils jouaient aux échecs après le dîner.
3. *He .... (To call) her every day.* = Il l'appelait tous les jours.

Phrases interrogatives

1. .... *she .... (To run) every evening?* = Est-ce qu'elle courait tous les soirs ?
2. .... *they .... (To play) chess after diner?* = Est-ce qu'ils jouaient aux échecs après dîner ?
3. .... *he .... (To call) her every day?* = Est-ce qu'il l'appelait tous les jours ?

Phrases négatives

1. *She .... (To run) every evening.* = Elle ne courait pas tous les soirs.
2. *They .... (To play) chess after dinner.* = Ils ne jouaient pas aux échecs après dîner.
3. *He .... (To call) her every day.* = Il ne l'appelait pas tous les jours.

Corrections

Phrases affirmatives

1. *She would run every evening.* = Elle courait tous les soirs.

   Il suffit d'associer le modal « Would » au verbe à l'infinitif sans To.

   « Would » ne change pas, peu importe le sujet. L'ensemble traduit l'imparfait d'habitude.

2. *They would play chess after dinner.* = Ils jouaient aux échecs après dîner.

   Il suffit d'associer le modal « Would » au verbe à l'infinitif sans To. « Would » ne change pas selon le sujet. L'ensemble traduit l'imparfait d'habitude.

3. *He would call her every day.* = **Il l'appelait tous les jours.**

   Il suffit d'associer le modal « Would » au verbe à l'infinitif sans To. « Would » ne change pas selon le sujet. L'ensemble traduit l'imparfait d'habitude.

Phrases interrogatives

1. *Would she run every evening?* = **Est-ce qu'elle courait tous les soirs ?**

   L'auxiliaire est « Would ». On respecte auxiliaire (Would) + sujet + verbe à l'infinitif sans To.

   Would traduit « est-ce que » et fait partie de la formule globale de l'imparfait d'habitude.

2. *Would they play chess after diner?* = **Est-ce qu'ils jouaient aux échecs après dîner ?**

   L'auxiliaire est « Would ». On respecte auxiliaire (would) + sujet + verbe à l'infinitif sans To.

   Would traduit « est-ce que » et fait partie de la formule globale de l'imparfait d'habitude.

3. *Would he call her every day?* = **Est-ce qu'il l'appelait tous les jours ?**

   L'auxiliaire est « Would ». On respecte auxiliaire (Would) + sujet + verbe à l'infinitif sans To.

   Would traduit « est-ce que » et fait partie de la formule globale de l'imparfait d'habitude.

Phrases négatives

1. *She wouldn't (would + not) run every evening.* = **Elle ne courait pas tous les soirs.**

   L'auxiliaire est « Would » associé à Not. On applique sujet + auxiliaire (would) + not + verbe à l'infinitif sans To.

   Would + not traduit « Ne… pas » et fait partie de la formule globale de l'imparfait d'habitude.

2. *They wouldn't (would + not) play chess after dinner.* = **Ils ne jouaient pas aux échecs après dîner.**

   L'auxiliaire est « Would » associé à Not. On applique sujet + auxiliaire (would) + not + verbe à l'infinitif sans To.

   Would + not traduit « Ne…pas » et fait partie de la formule globale de l'imparfait d'habitude.

3. ***He wouldn't (would + not) call her every day.*** **= Il ne l'appelait pas tous les jours.**

L'auxiliaire est « Would » associé à Not. On applique sujet + auxiliaire (would) + not + verbe à l'infinitif sans To.

Would + not traduit « Ne… pas » et fait partie de la formule globale de l'imparfait d'habitude.

18. Used to au preterit : « avoir l'habitude de » dans le passé

C'est aussi un imparfait de *narration*.

« Used To » est utilisé *pour traduire* une *notion d'habitude* dans le passé mais avec une pointe de nostalgie concernant l'événement contrairement à « Would » qui lui ne *traduit* que ***l'aspect habituel et répétitif***.

> *She used to…* = Elle avait l'habitude de.

Dans sa formule initiale il est déjà au preterit afin de traduire un imparfait.

Formule affirmative

→ Sujet + used to + *verbe à l'infinitif*.

> *He* + *used to* + play *tennis when he was young…* = Il avait l'habitude *de jouer* (dans le ***sens habituel***) au tennis quand il était jeune.

Il est délicat de traduire « used to « par « avoir l'habitude de » à l'imparfait en français mais c'est la façon la *plus efficace afin de bien en appréhender le sens*.

Il *avait l'habitude de jouer…*est donc *maladroit en français* même si c'est correct…

Si l'on avait utilisé le preterit simple.

He *played* tennis when he was young… le sens « ***habitude révolue*** » et « ***nostalgie de l'activité*** » n'aurait pas été traduit en anglais, ne donnant pas *le même sens au propos*.

En revanche le sens de ***l'habitude dans le passé teintée de nostalgie*** est immédiatement *compris part le locuteur anglais lorsqu'on utilise « used To » au preterit*.

Formule négation

→ Sujet + auxiliaire + not + *use to* + *verbe à l'infinitif*

> *He* + *did* + *not* + use to sit *that long.* = Il *n'avait pas l'habitude de s'asseoir* aussi longtemps.

Sous entendu, il n'est plus si jeune, ***nostalgie d'une habitude qui n'est plus***.

Puisque c'est un imparfait on doit utiliser l'*auxiliaire* de ce temps, en l'occurrence Did. « did + not » traduit non seulement « N'…pas » mais aussi la marque du preterit.

On remarque que la formule n'est plus « *Used to* » mais « *Use to* » qui est désormais à ***l'infinitif***.

He didn't us(ed) to play…*n'est pas possible.*

Formule question

→ Auxiliaire + sujet + *verbe à l'infinitif.*

Did + *he* + use to play *tennis when he was young?* = Est ce qu' + il + avait *l'habitude de jouer* (***dans le sens habituel***) au tennis quand il était jeune ?

L'*auxiliaire* Did *traduit* non seulement « Est-ce qu' » mais aussi la marque du preterit. Tout comme pour *la négation* Did prend *la marque* du preterit donc « *Used to* » devient « *Use to* ».

Did he *us(ed) to play…* est impossible.

Exercices

Phrases affirmatives

1. *He .... (To play) the guitar.* = Il avait l'habitude de jouer de la guitare.
2. *They .... (To sing) that song.* = Ils avaient l'habitude de chanter cette chanson.

Phrases interrogatives

1. .... *he .... (To play) guitar?* = Est-ce qu'il avait l'habitude de jouer de la guitare.
2. .... *they .... (To sing) that song?* = Est-ce qu'ils avaient l'habitude de chanter cette chanson ?

Phrases négatives

1. *He .... (To play) the guitar.* = Il n'avait pas l'habitude de jouer de la guitare.
2. *They (To sing) that song.* = Ils n'avaient pas l'habitude de chanter cette chanson.

Corrections

Phrases affirmatives

1. *He used to play guitar.* = Il avait l'habitude de jouer de la guitare.

   Pas de difficultés , il suffit d'associer la base verbale « Used to » au verbe.

2. *They used to sing that song.* = Ils avaient l'habitude de chanter cette chanson.

   Pas de difficultés, il suffit d'associer la base verbale « Used to » au verbe.

Phrases interrogatives

1. *Did he use to play the guitar?* = Est-ce qu'il avait l'habitude de jouer de la guitare ?

   C'est une question au preterit, on utilise donc l'auxiliaire du temps dans la formule auxiliaire (did) + sujet + verbe à l'infinitif sans to (use to).

   Did traduit « est-ce que » et fait partie de la formule du temps.

2. *Did they use to sing that song?* = Est-ce qu'ils avaient l'habitude de chanter cette chanson ?

   C'est une question au preterit, on utilise donc l'auxiliaire du temps dans la formule auxiliaire (did) + sujet + verbe à l'infinitif sans To (use to).

   Did traduit « est-ce que » et fait partie de la formule du temps.

Phrases négatives

1. *He didn't (did + not) use to play the guitar.* = Il n'avait pas l'habitude de jouer de la guitare.

   L'auxiliaire est Did que l'on associe à Not. On respect ensuite sujet + auxiliaire (did) + not + verbe à l'infinitif sans To.

   Didn't traduit « Ne… pas » et fait partie de la formule du temps.

2. *They didn't use to play that song.* = Ils n'avaient pas l'habitude de chanter cette chanson.

   L'auxiliaire est Did que l'on associe à Not. On respect ensuite sujet + auxiliaire (did) + Not + verbe à l'infinitif sans To.

   Didn't traduit « Ne… pas » et fait partie de la formule du temps.

19. To be used to : être habitué à...

Ce point grammatical vient compléter le précédent avec une variante.

L'Anglais n'est plus sur « *used to* » : « *avoir l'habitude de* » mais sur : « ***To be used to*** » : « ***être habitué à*** »... ce qui est différent.

Ici « ***used to*** » est utilisé comme participe passé combiné à l'*auxiliaire* être « To Be ». On est donc sur la forme « ***être habitué à*** » conjugable au présent, à l'imparfait et au futur. Nous aborderons les trois temps simultanément.

Formule affirmative au présent

→ Sujet + To Be (au présent) + *used to* + verbe à l'infinitif.

He + *is* + used to *work hard.* = Il est *habitué à* travailler dur.

C'est bien un présent d'habitude et non pas un « passé composé » comme on pourrait le croire due à la forme. ... Nous sommes bien sur To Be (au présent) + *participe passé.*

« ***Être habitué*** » n'est pas possible au passé composé puisque « *habitué* » seul *n'est pas possible à l'infinitif* ». « *Habitué* » doit donc se composer à partir de l'*auxiliaire* être (To Be) afin d'avoir *un sens.*

Forme affirmative à l'imparfait (donc au preterit)

→ Sujet + To Be (au preterit) + *used to* + verbe à l'infinitif

He + *was* + used to + *work hard.* = Il était *habitué à* travailler dur.

On retrouve *l'aspect narratif* de l'imparfait exprimant une ***habitude dans le*** passé, pour cela l'anglais passe une nouvelle fois par une forme de preterit (To Be : Was/Were) combiné à un *participe passé (used to).*

Forme affirmative au futur simple

→ Sujet + To Be (au futur simple) + *used to* + verbe à l'infinitif.

He + *will be* + used to + *work hard.* = Il sera *habitué à* travailler dur...(dans quelques temps par exemple).

On retrouve *l'aspect habituel* au futur simple... To Be au futur simple se compose de Will « *auxiliaire du futur* » + To Be qui traduit « *sera* » combiné au *participe passé* « *Habitué à...* »

Will + To Be : sera + « *used to* » *habitué à*/Will be *used to* : sera *habitué à.*

Formule question

Au présent

→ Auxiliaire + sujet + used to + verbe à l'infinitif
To Be (au présent) + sujet + *used to* + *verbe à l'infinitif.*

Is + *he* + used to + *work hard?* = Est ce qu'il est *habitué à travailler* dur ?

To Be traduit non seulement « est-ce que » et fait partie de la *formule du temps.*

On retrouve bien ***l'aspect habituel.***

À l'imparfait (donc au preterit)

→ Auxiliaire + sujet + used to + verbe à l'infinitif.
To Be (au preterit) + sujet + *used to* + *verbe à l'infinitif*

Was + *he* + used to + work *hard?* = Était il *habitué à travailler* dur ?

To Be (was) *traduit* non seulement « est-ce que » et fait partie de la *formule au preterit.*

On retrouve la notion d'imparfait *de narration combiné* à ***l'Habitude…***

Au futur simple

→ Auxiliaire + sujet + To Be + used to + verbe à l'infinitif

Will + *he* + *be* + used to + work *hard?* = Est ce qu'il sera *habitué à travailler* dur ?

Ici « Will be « traduit « est-ce que » et fait partie de *la formule* du futur simple. On retrouve ***l'aspect habituel*** dans le futur, même si cette *forme est rare.*

On note que dans *la formule l'auxiliaire* est bien « Will » combiné à To Be pour obtenir le futur simple alors qu'au présent et à l'imparfait (preterit) To Be se conjugue seul. (Is/are/am) et (Was/were).

Au futur simple on trouve « will + be » + « *used to* ».

Formule négation

Au présent

→ Sujet + auxiliaire (To be au présent) + not + *used to* + *verbe à l'infinitif;*

He + *is* + *not* + used to + work *hard.* = Il n'est pas *habitué à travailler* dur.

To Be + not traduit « Ne... pas » et fait partie de la formule du présent simple tout en ***conservant la notion d'habitude.***

- **À l'imparfait (donc au preterit).**

→ Sujet + auxiliaire (To be au preterit) + not + *Used to + verbe à l'infinitif.*

He + was + not + used to + work *hard.* = Il n'était pas *habitué à travailler* dur.

To Be + not traduit « Ne... pas » et fait partie de *la formule* du preterit tout en conservant la ***notion d'habitude dans le passé.***

- **Au futur simple**

→ Sujet + auxiliaire + not + To Be(à l'infinitif) + *used to + verbe à l'infinitif*

He + will + not + be + used to + work *hard.* = Il ne sera pas *habitué à travailler* dur.

Ici « Will be » + not traduit « Ne...pas » et fait partie de *la formule* du futur simple tout en conservant **la notion d'habitude**. Ce qui une nouvelle fois est plus rare au futur simple.

Exercices au présent

- **Phrases affirmatives**

1. *He* .... *to work hard.* = Il est habitué à travailler dur.
2. *They* .... *to it.* = Ils y sont habitués.

- **Phrases interrogatives**

1. .... *he* .... *to work hard?* = Est-ce qu'ils sont habitués à travailler dur ?
2. .... *they* .... *to it?* = Est-ce qu'ils sont habitués à cela ?

- **Phrases négatives**

1. *He* .... *to work hard.* = Il n'est pas habitué à travailler dur.
2. *They* .... *to it.* = Ils n'y sont pas habitués.

Corrections

Phrases affirmatives

1. *He is used to work hard.* = Il est habitué à travailler dur.

   Pas de difficultés, « To Be used to » on conjugue simplement To Be au présent à la personne qui convient (is).

2. *They are used to it.* = Ils y sont habitués.

   Pas de difficultés, « To Be used to », on conjugue simplement To Be au présent à la personne qui convient (are).

Phrases interrogatives

1. *Is he used to work hard?* = Est-ce qu'il est habitué à travailler dur ?

   C'est une question avec l'auxiliaire être (To Be) au présent conjugué à la personne qui convient (is). On respect la formule auxiliaire (To Be) + sujet + used to.

   To Be traduit « est-ce que » et fait partie de la formule globale.

2. *Are they used to it?* = Est-ce qu'ils y sont habitués ?

   C'est une question avec l'auxiliaire être (To Be) au présent conjugué à la personne qui convient (are). On respecte la formule auxiliaire (To Be) + sujet + used to.

   To Be traduit « est-ce que » et fait partie de la formule globale.

Phrases négatives

1. *He is not used to work hard.* = Il n'est pas habitué à travailler dur.

   C'est une négation avec l'auxiliaire être (To Be) au présent à la personne qui convient (is) associé à Not. On respecte la formule auxiliaire (To be) + sujet + Not + used to.

   To Be traduit « est-ce que » et fait partie de la formule globale.

2. *They are not used to it.* = Ils n'y sont pas habitués.

   C'est une négation avec l'auxiliaire être (To Be) au présent à la personne qui convient (are) associé à Not. On respecte la formule auxiliaire (To Be) + sujet + not + used to.

   To Be traduit « est-ce que » et fait partie de la formule globale.

Exercices au preterit (à l'imparfait)

Phrases affirmatives

1. *He* .... *to work hard.* = Il était habitué à travailler dur.
2. *They* .... *to it.* = Ils y étaient habitués.

Phrases interrogatives

1. .... *he* .... *to work hard?* = Est-ce qu'il était habitué à travailler dur ?
2. .... *they* .... *to it?* = Est-ce qu'ils y étaient habitués ?

Phrases négatives

1. *He* .... *work hard.* = Il n'était pas habitué à travailler dur.
2. *They* .... *to it.* = Ils n'y étaient pas habitués.

Corrections

Phrases affirmatives

1. *He was not used to work hard.* = Il n'était pas habitué à travailler dur.

   Pas de difficultés, « To Be used to » on conjugue simplement être (To Be) au preterit à la personne qui convient « was »

2. *They were used to it.* = Ils y étaient habitués.

   Pas de difficultés, « To Be used to » on conjugue simplement être (To Be) au preterit à la personne qui convient « were »

Phrases interrogatives

1. *Was he used to work hard?* = Est-ce qu'il était habitué à travailler dur ?

   C'est une question avec l'auxiliaire être (To Be) au preterit conjugué à la personne qui convient « was ». On respecte ensuite la formule auxiliaire (To Be) + sujet + used to.

   To Be traduit « est-ce que » et fait partie de la formule globale du temps.

2. *Were they used to it?* = Est-ce qu'ils y étaient habitués ?

   C'est une question avec l'auxiliaire être (To Be) au preterit conjugué à la personne qui convient « were ». On respecte ensuite la formule auxiliaire (To Be) + sujet + used to.

   To Be traduit « est-ce que » et fait partie de la formule globale du temps.

Phrases négatives

1. *He was not used to work hard.* = Il n'était pas habitué à travailler dur.

   C'est une question avec l'auxiliaire être (To Be) au preterit conjugué à la personne qui convient (was) associé à Not. On respecte sujet + To be + not + used to.

   To Be + not traduit « Ne… pas » et fait partie de la formule globale du temps.

2. *They were not used to it.* = Ils n'y étaient pas habitués.

   C'est une négation avec l'auxiliaire être (To Be) au preterit conjugué à la personne qui convient (were) associé à Not. On respecte sujet + To be + not + used to.

   To Be + not traduit « Ne… pas » et fait partie de la formule globale du temps.

Exercices au futur simple

Phrases affirmatives

1. *He* .... *to work hard.* = Il ne sera pas habitué à travailler dur.
2. *They* .... *to it.* = Ils n'y seront pas habitués.

Phrases interrogatives

1. .... *he* .... *to work hard?* = Est-ce qu'il sera habitué à travailler dur ?
2. .... *they* .... *to it?* = Est-ce qu'ils y seront habitués ?

Phrases négatives

1. *He* .... *to work hard.* = Il ne seront pas habitués à travailler dur.
2. *They* .... *to it.* = Ils n'y seront pas habitués.

Corrections

Phrases affirmatives

1. *He will be used to work hard.* = Il sera habitué à travailler dur.

   Pas de difficultés... « To Be used to » au futur simple, il suffit d'associer « Will et be » pour donner will be.

2. *They will be used to it.* = Ils y seront habitués.

   Pas de difficultés, » To be used to » au futur simple, il suffit d'associer « Will et be » pour donner (will be).

Phrases interrogatives

1. *Will he be used to work hard?* = Est-ce qu'il sera habitué à travailler dur ?

   C'est une question avec l'auxiliaire être (To Be) au futur simple ce qui donne Will be.

   On respecte la formule auxiliaire (will) + sujet + be + used to.

   To Be (+ will) traduit « est-ce que » et fait partie de la formule globale du temps.

2. *Will they be used to it?* = Est-ce qu'ils y seront habitués ?

   C'est une question avec l'auxiliaire être (To Be) au futur simple ce qui donne Will be.

   On respecte la formule auxiliaire (will) + sujet + used to.

   To Be (+ will) traduit « est-ce que » et fait partie de la formule globale du temps.

Phrases négatives

1. *He will not be used to work hard.* = Il ne sera pas habitué à travailler dur.

   C'est une négation avec l'auxiliaire (To Be) au futur simple (will be) associé à Not.

   On respecte la formule sujet + auxiliaire (will) + not + be + used to.

   To Be + not traduit « Ne... pas » et fait partie de la formule globale du temps.

2. *They will not be used to it.* = Ils n'y seront pas habitués.

   C'est une négation avec l'auxiliaire (To Be) au futur simple (will be) associé à Not.

   On respecte la formule sujet + auxiliaire (will) + not + be + used to.

   To Be + not traduit « Ne... pas » et fait partie de la formule globale du temps.

20. To get used to: s'habituer à

Voici la dernière variante *de l'habitude*. Après avoir vu « *être habitué à* » et « *avoir l'habitude de* » nous allons aborder « ***S'habituer à*** ».

« ***S'habituer à*** » se *traduit en anglais* par la formule « ***To get used to*** ».

On peut la décomposer comme ceci. ***To get + participe passé ou adjectif***, se traduit normalement par « ***Devenir + …*** »

Ex : « ***To get old*** » se traduit en français par « ***Devenir vieux*** ». *To get* a dans ce cas le sens de « *Devenir* »

Il est donc logique de retrouver ***To get*** (Ici devenir) combiné ***à Used to*** (habitué à) pour traduire « ***S'habituer à*** » en français.

« ***S'habituer à*** » implique *une progression.*

Formule affirmative

Au présent

C'est un cas particulier. On utilisera le présent progressif et non pas le présent simple car par définition « ***S'habituer à*** » n'est pas une *habitude puisque c'est en cours*. On est *en train de s'habituer*… Ce qui est différent « *d'être habitué à* »… qui relève *de l'habitude, de l'action déjà accomplie.*

→ Sujet + To be (au présent) + *to get (à l'infinitif)* + *Ing* + *Used to* + *verbe à l'infinitif ou situation.*

I + *am* + getting + used to + work *hard.* = Je m'habitue à travailler dur/Je suis *en train de m'habituer à travailler* dur.

À l'imparfait

Mais avec un *aspect progressif* (donc un preterit progressif)

→ Sujet + To be (au preterit) + *get* + *Ing* + *Used to* + *verbe à l'infinitif*

I + *was* + getting + used to + work *hard.* = Je m'habituais à travailler dur dans le sens, « J'étais *en train* » *de m'habituer à travailler* dur.

On retrouve *l'aspect progressif* au preterit (Was/were + *verbe en Ing*) puisque l'on est *bien en train de*… dans le passé.

Le preterit simple est tout aussi possible à l'imparfait.

→ Sujet + *to get* (au preterit) + *used to* + *verbe à l'infinitif ou pronom complément.*

I + got + used to + it. = *Je m'y étais habitué/Je m'y suis habitué.*

Au futur simple

Ici *l'aspect progressif n'est pas obligatoire.*

→ Sujet + Will (auxiliaire du futur) + *To get à l'infinitif + used to + verbe à l'infinitif*

He + *will* + get + used to + work *hard.* = Il *s'habituera à travailler* dur.

On retrouve bien l'action de ***« S'habituer à »*** au futur simple.

Formule question

Au présent progressif

→ Auxiliaire (To Be au présent) + sujet + *to get à l'infinitif + Ing + used to + verbe à l'infinitif*

Are + *you* + getting + used to + work *hard?* = Est-ce que tu *t'habitues à travailler* dur ?

Aspect progressif donc en cours/Est-ce que tu *es en train de t'habituer à travailler* dur ?

Ici To Be au présent traduit « est-ce que » et fait aussi partie de *la formule* du présent progressif.

À l'imparfait de narration

(donc preterit progressif « Was/were » + *verbe en Ing*)

→ Auxiliaire + sujet + *get + Ing + used to + verbe à l'infinitif*

Was + *he* + getting + used to + work *hard?* = Est qu'il s'*habituait/était en train de s'habituer à travailler* dur ?

Ici To Be au preterit traduit « est-ce que » et fait partie de *la formule* du preterit progressif.

Preterit simple

→ Auxiliaire + sujet + *To get (infinitif) + used to + verbe ou complément.*

Did + he + get + used to + it? = Est-ce qu'il s'y *est habitué* ?

Did traduit « est-ce que » est fait partie de *la formule* du preterit.

Au futur simple

→ Auxiliaire + sujet + *To get(à l'infinitif) + used to + verbe à l'infinitif*

Will + he + get + used to + work *hard?* = Est-ce qu'il *s'habituera à travailler* dur ?

Will traduit « est-ce que » et fait partie de *la formule* du futur simple.

Formule négation

Au présent progressif

→ Sujet + To Be + not + *getting + used to + verbe à l'infinitif*

He + is + not + getting + used to + work *hard.* = Il *ne s'habitue pas à travailler* dur. Dans le sens présent progressif (présent du moment).

Ici To Be + not traduit « Ne… pas » et fait aussi partie de *la formule* du présent progressif.

À l'imparfait de narration(donc preterit progressif).

→ Sujet + To Be (au preterit) + not + *getting + used to + verbe à l'infinitif*

He + was + not + getting + used to + work *hard.* = Il *ne s'habituait pas à travailler* dur. Dans le *sens narratif* du preterit progressif (être en train de).

Ici To Be + not traduit « Ne…pas » et fait partie de *la formule* du preterit progressif.

Au preterit simple

→ Sujet + did + not + *to get (infinitif) + used to + verbe infinitif ou complément.*

He + didn't + get + used to + it. = Il *ne s'est pas habitué.*

Au futur simple

→ Sujet + auxiliaire (will) + not + *to get à l'infinitif + used to + verbe à l'infinitif.*

He + will + not + get + used to + work hard. = *Il ne s'habituera pas à travailler* dur.

Ici will + not traduit « Ne… pas » et fait partie de la formule du futur simple.

Exercices au présent

Phrases affirmatives

1. *He .... (To get used to) wake up early.* = Il s'habitue à se lever tôt.
2. *They .... (To get used to) hot weather.* = Ils s'habituent à la chaleur.

Phrases interrogatives

1. *................. he .... (To get used to) wake up early?* = Est-ce qu'il s'habitue à se lever tôt ?
2. *................. they .... (To get used to) hot weather?* = Est-ce qu'ils s'habituent à la chaleur ?

Phrases négatives

1. *He .... (To get used to) wake up early.* = Il ne s'habitue pas à se lever tôt.
2. *They .... (To get used to) hot weather.* = Ils ne s'habituent pas à la chaleur.

Corrections

Phrases affirmatives

1. *He is getting used to wake up early.* = Il s'habitue à se lever tôt.

   C'est en cours donc présent progressif. Le verbe conjugué est « To get » on retrouve donc sujet + To Be (is) + verbe (To get) en Ing.

2. *They are getting used to hot weather.* = Ils s'habituent à la chaleur.

   C'est en cours, donc présent progressif. Le verbe conjugué est « To get ». On retrouve donc sujet + To Be (are) + verbe (To get) en Ing.

Phrases interrogatives.

1. *Is he getting used to wake up early?* = Est-ce qu'il s'habitue à se lever tôt ?

   C'est une question au présent progressif, l'auxiliaire est To Be (être). On applique la formule auxiliaire (To be/is) + sujet + verbe en « Ing »

   To Be traduit « est-ce que » et fait partie de la forme du temps.

2. *Are they getting used to hot weather?* = Est-ce qu'ils s'habituent à la chaleur ?

   C'est une question au présent progressif, l'auxiliaire est To Be (être). On applique la formule auxiliaire (To Be/are) + sujet + verbe en Ing.

   To Be traduit « est-ce que » et fait partie de la forme du temps.

Phrases négatives

1. *He is not getting used to wake up early.* = Il ne s'habitue pas à se lever tôt.

   C'est une négation au présent progressif. L'auxiliaire est To Be (être) associé à Not. On applique sujet + To Be (is) + not + verbe en Ing.

   To Be + not traduit « Ne…pas » et fait partie de la forme globale du temps.

2. *They are not getting used to hot weather.* = Ils ne s'habituent pas à la chaleur.

   C'est une négation au présent progressif. L'auxiliaire est To Be (être) associé à Not. On applique sujet + To Be (are) + not + verbe en Ing.

   To Be + not traduit « Ne… pas » et fait partie de la forme globale du temps.

Exercices au preterit

Phrases affirmatives

1. *He .... (To get used to) wake up early.* = Il s'habituait à se lever tôt.
2. *They .... (To get used to) hot weather.* = Ils s'habituaient à la chaleur.

Phrases interrogatives

1. .... *he .... (To get used to) wake up early?* = Est-ce qu'il s'habituait à se lever tôt ?
2. .... *they .... (To get used to) hot weather?* = Est-ce qu'ils s'habituaient à la chaleur ?

Phrases négatives

1. *He .... (To get used to) wake up early.* = Il ne s'habituait pas à se lever tôt.
2. *They .... (To get used to) hot weather.* = Ils ne s'habituaient pas à la chaleur.

Corrections

Phrases affirmatives

1. *He was getting used to wake up early.* = **Il s'habituait à se lever tôt.**

   C'est en cours, donc preterit progressif. Le verbe conjugué est To get, on applique sujet + To Be (was) + verbe (To get) en Ing.

2. *They were getting used to hot weather.* = **Ils s'habituaient à la chaleur.**

   C'est en cours, donc preterit progressif. Le verbe conjugué est To get, on applique sujet + To Be (were) + verbe (To get) en Ing.

Phrases interrogatives

1. *Was he getting used to wake up early.* = **Est-ce qu'il s'habituait à se lever tôt ?**

   C'est une question au preterit progressif, l'auxiliaire est To Be (être) au preterit. On applique la formule auxiliaire (To Be/was) + sujet + verbe (To get) en Ing.

   To Be traduit « est-ce que » et fait partie de la formule globale du temps.

2. *Were they getting used to hot weather?* = **Est-ce qu'ils s'habituaient à la chaleur ?**

   C'est une question au preterit progressif, l'auxiliaire est To Be (être) au preterit. On applique la formule auxiliaire (To Be/were) + sujet + verbe (To get) en Ing.

   To Be traduit « est-ce que » et fait partie de la formule globale du temps.

Phrases négatives

1. *He wasn't getting used to wake up early.* = **Il ne s'habituait pas à se lever tôt.**

   C'est une négation au preterit progressif, l'auxiliaire est To Be (être) au preterit associé à Not. On applique la formule sujet + To be (Was) + not + verbe (To get) en Ing.

   To Be + not traduit « Ne… pas » et fait partie de la formule globale du temps.

2. *They were not getting used to hot weather.* = **Ils ne s'habituaient pas à la chaleur.**

   C'est une négation au preterit progressif, l'auxiliaire est To Be (être) au preterit associé à Not. On applique la formule sujet + To be (were) + not + verbe (To get) en Ing.

   To Be + not traduit « Ne… pas » et fait partie de la formule du temps.

Exercices au futur simple

Phrases affirmatives

1. *He .... (To get used to) wake up early.* = Il s'habituera à se lever tôt.
2. *They .... (To get used to) hot weather.* = Ils s'habitueront à la chaleur.

Phrases interrogatives

1. .... *he* .... *(To get used to) wake up early?* = Est-ce qu'il s'habituera à se lever tôt ?
2. .... *they* .... *(To get used to) hot weather?* = Est-ce qu'ils s'habitueront à la chaleur ?

Phrases négatives

1. *He .... (To get used to) wake up early.* = Il ne s'habituera pas à se lever tôt.
2. *They .... (To get used to) hot weather.* = Ils ne s'habitueront pas à la chaleur.

Corrections

Phrases affirmatives

1. *He will get used to wake up early.* = Il s'habituera à se lever tôt.

   C'est un futur simple (will). On applique sujet + Will + verbe (To get) à l'infinitif sans To.

2. *They will get used to hot weather.* = Ils s'habitueront à la chaleur.

   C'est un futur simple (will). On applique sujet + will + verbe (To get) à l'infinitif sans To.

Phrases interrogatives

1. *Will he get used to wake up early?* = Est-ce qu'il s'habituera à se lever tôt ?

   C'est une question au futur simple, l'auxiliaire est « Will ». On applique la formule auxiliaire (Will) + sujet + verbe (To get) à l'infinitif.

   Will traduit « est-ce que » et fait partie de la formule globale du temps.

2. *Will they get used to hot weather?* = Est-ce qu'ils s'habitueront à la chaleur ?

   C'est une question au futur simple, l'auxiliaire est « Will ». On applique la formule auxiliaire (Will) + sujet + verbe (To get) à l'infinitif.

   Will traduit « est-ce que » et fait partie de la formule globale du temps.

Phrases négatives

1. *He won't (will + not) get used to wake up early.* = Il ne s'habituera pas à se lever tôt.

   C'est une négation au futur simple, l'auxiliaire est Will associé à Not. On applique sujet + auxiliaire (will) + not + verbe (To get) à l'infinitif sans To.

   Will + not traduit « ne… pas » et fait partie de la formule globale du temps.

2. *They won't (will + not) get used to hot weather.* = Ils ne s'habitueront pas à la chaleur.

   C'est une négation au futur simple, l'auxiliaire est Will associé à Not. On applique sujet + auxiliaire (will) + not + verbe (To get) à l'infinitif sans To.

   Will + not traduit « Ne… pas » et fait partie de la formule globale du temps.

21. To be able to: être capable de

Cette forme est très courante, elle est *employée pour traduire la capacité*. Certains la comparent au *Modal Can/could (pouvoir).* Elle est en réalité *différente de ce modal* puisque *Can/could* sont utilisés pour ***traduire d'une part la permission mais aussi la capacité***. « ***To Be able*** » ne traduit pas ***la permission***.

To Be able, forme à nouveau *composée* de ***To Be***, sera une nouvelle fois utilisée au présent, à l'imparfait et au futur simple.

Cette forme est créée à partir de « ***Able*** » qui *signifie capable*.

Formule affirmative

Au présent

→ Sujet + to Be + *able to + verbe à l'infinitif sans to.*

He + *is* + able to work *hard.* = Il est *capable de travailler* dur.

Seul To Be est conjugué puisque « ***Able*** » n'est pas *un verbe.*

À l'imparfait (donc au preterit)

→ Sujet + To be (was/were) + *able to + verbe à l'infinitif sans to*

He + *was* + able to + work *hard.* = Il était *capable de travailler* dur.

Au futur simple

→ Sujet + auxiliaire du futur (will) + To be *à l'infinitif sans to + able to + verbe à l'Infinitif sans to.*

He + *will* + *be* + able to + work *hard.* = Il sera *capable de travailler* dur.

Formule question

Au présent

→ Auxiliaire + sujet + able to à l'infinitif + verbe à l'infinitif

Are + *you* + able to + work *hard?* = Est ce que tu es *capable de travailler* dur ?

Ici To Be *(auxiliaire)* traduit « est-ce que » la marque du présent et fait partie de *la formule **To Be able to***.

À l'imparfait (donc au preterit)

→ Auxiliaire + sujet + able to à l'infinitif + verbe à l'infinitif

Were + you + able to + work *hard?* = Est ce que tu étais *capable de travailler* dur ?

Ici To Be (*auxiliaire*) traduit « est-ce que », la marque du preterit et fait partie de *la formule **To Be able to…***

Au futur simple

→ Auxiliaire + sujet + To Be *à l'infinitif sans to + able to + verbe à l'infinitif*

Will + you + *be* + able to + work *hard?* = Est-ce que tu seras *capable de travailler* dur ?

Ici Will (*auxiliaire* du futur simple) traduit « est-ce que », la marque du futur simple et fait partie de la *formule **To Be able To.***

Formule négative

Au présent

→ Sujet + to be + not + *able to + verbe à l'infinitif*

He + is + not + able to + work *hard.* = Il n'est pas *capable de travailler* dur.

Ici To Be + not traduit « Ne…pas », la marque du présent et fait partie *de la formule **To Be able to…***

À l'imparfait (donc au preterit)

→ Sujet + to Be (au preterit) + not + *able to + verbe à l'infinitif*

He + was + not + able to + work *hard.* = Il n'était pas *capable de travailler* dur.

Ici To Be + not traduit « Ne… pas », la marque du preterit et fait partie de *la formule **To Be able to…***

Au futur simple

→ Sujet + auxiliaire (futur simple) + not + *To Be à l'infinitif + able to + verbe à l'infinitif*

He + will + not + be + able to + work *hard.* = Il ne sera pas *capable de travailler* dur.

Ici l'*auxiliaire* du futur simple will + not traduit « Ne… pas », la marque du futur et fait partie de *la formule **To Be able to.***

Exercices au présent

Phrases affirmatives

1. *He* .... *to understand.* = Il est capable de comprendre.
2. *They* .... *to come.* = Ils sont capables de venir.

Phrases interrogatives

1. .... *he* .... *to understand?* = Est-il capable de comprendre ?
2. .... *they* .... *to come?* = Est-ce qu'ils sont capables de venir ?

Phrases négatives

1. *He* .... *to understand.* = Il n'est pas capable de comprendre.
2. *They* .... *to come.* = Ils ne sont pas capables de venir.

Corrections

Phrases affirmatives

1. *He is able to understand.* = Il est capable de comprendre.

   Il suffit de conjuguer To Be au présent à la personne qui convient (is).
2. *They are able to come.* = Ils sont capables de venir.

   Il suffit de conjuguer To Be au présent à la personne qui convient (are).

Phrases interrogatives

1. *Is he able to understand?* = Est-ce qu'il est capable de comprendre ?

   C'est une question avec l'auxiliaire To Be (être) au présent. On applique auxiliaire (is) + sujet + able to.

   To Be traduit « est-ce que » et fait partie de la formule globale du temps.
2. *Are they able to come?* = Est-ce qu'ils sont capables de venir ?

   C'est une question avec l'auxiliaire To Be (être) au présent. On applique auxiliaire (are) + sujet + able to...

   To Be traduit « est-ce que » et fait partie de la formule globale du temps.

Phrases négatives

1. *He is not able to understand.* = Il n'est pas capable de comprendre.

   C'est une négation avec l'auxiliaire To Be (être) au présent associé à Not. On applique sujet + (is) + not + able to...

   To Be + not traduit « Ne... pas » et fait partie de la formule globale du temps.

2. *They are not able to come.* = Ils ne sont pas capables de venir.

   C'est une négation avec l'auxiliaire To Be (être) au présent associé à Not. On applique sujet + auxiliaire (are) + not + able to...

   To Be + not traduit « Ne... pas » et fait partie de la formule globale du temps.

Exercices au preterit

Phrases affirmatives

1. *He .... to understand.* = Il était capable de comprendre.
2. *They .... to come.* = Ils étaient capables de venir.

Phrases interrogatives

1. *.................. he .... to understand?* = Est-ce qu'il était capable de comprendre ?
2. *.................. they .... to come?* = Est-ce qu'ils étaient capables de venir ?

Phrases négatives

1. *He .... to understand.* = Il n'était pas capable de comprendre.
2. *They .... to come.* = Ils n'étaient pas capable de venir.

Corrections

Phrases affirmatives

1. *He was able to understand.* = Il était capable de comprendre.

   Il suffit de conjuguer To Be (être/was) au preterit à la personne qui convient.

2. *They were able to come.* = Ils étaient capables de venir.

   Il suffit de conjuguer To Be (être/were) au preterit à la personne qui convient.

Phrases interrogatives

1. *Was he able to understand?* = Est-ce qu'il était capable de comprendre ?

   C'est une question avec l'auxiliaire To be (être) au preterit. On applique auxiliaire (was) + sujet + able to.

   To Be traduit « est-ce que » et fait partie de la formule globale.

2. *Were they able to come?* = Est-ce qu'ils étaient capables de venir ?

   C'est une question avec l'auxiliaire To Be (être) au preterit. On applique auxiliaire (were) + sujet + able to.

   To Be traduit « est-ce que » et fait partie de la formule globale.

Phrases négatives

1. *He was not able to understand.* = Il n'était pas capable de comprendre.

   C'est une négation avec l'auxiliaire To Be (être) au preterit associé à Not. On applique sujet + auxiliaire (was) + not + able to.

   To Be + not traduit « Ne… pas » et fait partie de la formule globale du temps.

2. *They weren't (Were + not) able to come.* = Ils n'étaient pas capable de venir.

   C'est une négation avec l'auxiliaire To Be (être) au preterit associé à Not. On applique sujet + auxiliaire (were) + not + able to.

   To Be + not traduit « Ne… pas » et fait partie de la formule globale du temps.

Exercices au futur simple

Phrases affirmatives

1. *He .... to understand.* = Il sera capable de comprendre.
2. *They .... to come.* = Ils seront capables de venir.

Phrases interrogatives

1. .... *he .... to understand?* = Est-ce qu'il sera capable de comprendre ?
2. .... *they .... to come?* = Est-ce qu'ils seront capables de venir ?

Phrases négatives

1. *He .... to understand.* = Il ne sera pas capable de comprendre.
2. *They .... to come.* = Ils ne seront pas capables de venir.

Corrections

Phrases affirmatives

1. *He will be able to understand.* = Il sera capable de comprendre.

   Il suffit de conjuguer To Be (être) au futur simple. On applique sujet + will + be + able to.

2. *They will be able to come.* = Ils seront capables de venir.

   Il suffit de conjuguer To Be (être) au futur simple. On applique sujet + will + be + able to.

Phrases interrogatives

1. *Will he be able to understand?* = Est-ce qu'il sera capable de comprendre ?

   C'est une question avec l'auxiliaire du futur simple (Will) associé à To Be. On respecte auxiliaire (will) + sujet + Be + able to.

   Will traduit « est-ce que » et fait partie de la formule globale du temps.

2. *Will they be able to come?* = Est-ce qu'ils seront capables de venir ?

   C'est une question avec l'auxiliaire du futur simple (Will) associé à To Be. On respect auxiliaire (will) + sujet + Be + able to.

   Will traduit « est-ce que » et fait partie de la formule globale du temps.

Phrases négatives

1. *He will not be able to understand.* = Il ne sera pas capable de comprendre.

   C'est une négation avec l'auxiliaire du futur simple (will) associé à Not. On applique sujet + auxiliaire (will) + not + be + able to.

   Will + not traduit « Ne… pas » et fait partie de la formule globale du temps.

2. *They won't (will + not) be able to come.* = Ils ne seront pas capables de venir.

   C'est une négation avec l'auxiliaire du futur simple (will) associé à Not. On applique sujet + auxiliaire (will) + not + able to.

   Will + not traduit « Ne… pas » et fait partie de la formule globale du temps.

22. To be allowed to : être autorisé à...

Cette formule suit la *logique de la formule précédente.*

C'est une nouvelle fois ***un composé de To Be + participe passé***. Cette forme existe donc au présent, à l'imparfait et au futur simple…

Puisqu'elle se conjugue *exactement comme les 4 précédentes*, nous donnerons simplement les exemples.

Cette forme est *composée du verbe* ***To Allow*** : ***Autoriser, permettre de***

Forme affirmative

Au présent

→ Sujet + to be (au présent) + *allowed to* + *verbe à l'infinitif sans To*

He + is + allowed to + smoke. = Il est *autorisé à fumer.*

Au preterit

→ Sujet + to be (au preterit) + *allowed to* + *verbe à l'infinitif sans to*

He + *was* + allowed to + smoke. = Il était *autorisé à fumer.*

Au futur simple

→ Sujet + will (*auxiliaire* du futur) + *To Be à l'infinitif* + *allowed to* + *verbe à l'infinitif*

He + *will* + *be* + allowed to + smoke. = Il sera *autorisé à fumer.*

Formule question

Au présent

→ Auxiliaire + sujet + *allowed to* + *verbe à l'infinitif*

Are + *you* + allowed to smoke? = Est ce que tu es *autorisé à fumer ?*

À l'imparfait (donc au preterit)

→ Auxiliaire + sujet + *allowed to + verbe à l'infinitif*

Were + *you* + allowed to + smoke? = Est ce que tu étais *autorisé à fumer ?*

Au futur simple

→ Auxiliaire + sujet + To be allowed to à l'infinitif + verbe à l'infinitif sans to

Will + *you* + be allowed to + smoke? = Est ce que tu *seras autorisé à fumer ?*

Formule négation

Au présent

→ Sujet + to Be + not + *allowed to* + *verbe à l'infinitif*

You + *are* + *not* + allowed to + smoke? = Tu n'es pas *autorisé à fumer.*

À l'imparfait (donc au preterit)

→ Sujet + To be + not + *allowed to* + *verbe à l'infinitif sans to*

You + *were* + *not* + allowed to + smoke. = Tu n'étais pas *autorisé à fumer.*

Au futur simple

→ Sujet + auxiliaire (will) + not + *To be allowed to à l'infinitif* + *verbe à l'infinitif sans To.*

You + *will* + *not* + be allowed to + smoke. = Tu *ne seras pas autorisé à fumer.*

Exercices au présent

Phrases affirmatives

1. *He* .... *to smoke.* = Il est autorisé à fumer.
2. *They* .... *to call him.* = Ils sont autorisés à l'appeler.

Phrases interrogatives

1. .... *he* .... *to smoke?* = Est-ce qu'il est autorisé à fumer ?
2. .... *they* .... *to call him?* = Est-ce qu'ils sont autorisés à l'appeler ?

Phrases négatives

1. *He .... to smoke.* = Il n'est pas autorisé à fumer.
2. *They .... to call him.* = Ils ne sont pas autorisés à l'appeler.

Corrections

Phrases affirmatives

1. ***He is allowed to smoke.*** **= Il est autorisé à fumer.**

   Il suffit de conjuguer l'auxiliaire To Be (être) au présent à la personne qui convient, ici (is).

2. ***They are allowed to call him.*** **= Ils sont autorisés à l'appeler.**

   Il suffit de conjuguer l'auxiliaire To Be (être) au présent à la personne qui convient, ici (are).

Phrases interrogatives

1. ***Is he allowed to smoke?*** **= Est-ce qu'il est autorisé à fumer ?**

   C'est une question avec l'auxiliaire To Be (être) au présent. On applique auxiliaire (Is) + sujet + allowed to.

   To Be traduit « est-ce que » et fait partie de la formule globale.

2. ***Are they allowed to call him?*** **= Est-ce qu'ils sont autorisés à l'appeler ?**

   C'est une question avec l'auxiliaire To Be (être) au présent. On applique auxiliaire (Are) + sujet + allowed to.

   To Be traduit « est-ce que » et fait partie de la formule globale du temps.

Phrases négatives

1. ***He is not allowed to smoke.*** **= Il n'est pas autorisé à fumer.**

   C'est une négation avec l'auxiliaire To Be (être) au présent associé à Not. On applique sujet + auxiliaire (is) + not + allowed to.

   To Be + not traduit « Ne… pas » et fait partie de la formule globale.

2. ***They are not allowed to call him.*** **= Ils ne sont pas autorisés à l'appeler.**

   C'est une négation avec l'auxiliaire To Be (être) au présent associé à Not.

   On applique sujet + auxiliaire (are) + not + allowed to.

   To Be + not traduit « Ne… pas » et fait partie de la formule globale du temps.

Exercices au preterit

Phrases affirmatives

1. *He .... to smoke.* = Il n'était pas autorisé à fumer.
2. *They .... to call him.* = Ils n'étaient pas autorisés à l'appeler.

Phrases interrogatives

1. .... *he* .... *to smoke?* = Est-ce qu'il était autorisé à fumer ?
2. .... *they* .... *to call him?* = Est-ce qu'ils étaient autorisés à l'appeler ?

Phrases négatives

1. *He .... to smoke.* = Il n'était pas autorisé à fumer.
2. *They .... to call him.* = Ils n'étaient pas autorisés à l'appeler.

Corrections

Phrases affirmatives

1. *He was allowed to smoke.* = Il était autorisé à fumer.

   Il suffit de conjuguer To Be (être) au preterit à la personne qui convient, ici (was).

2. *They were allowed to call him.* = Ils étaient autorisés à l'appeler.

   Il suffit de conjuguer To Be (être) au preterit à la personne qui convient, ici (were).

Phrases interrogatives

1. *Was he allowed to smoke?* = Est-ce qu'il était autorisé à fumer ?

   C'est une question avec l'auxiliaire To Be (être) au preterit. On applique auxiliaire (Was) + sujet + allowed to...

   To Be traduit « est-ce que » et fait partie de la formule globale du temps.

2. *Were they allowed to call him?* = Est-ce qu'ils étaient autorisés à l'appeler ?

   C'est une question avec l'auxiliaire To Be (être) au preterit. On applique auxiliaire (were) + sujet + allowed to.

   To Be traduit « est-ce que » et fait partie de la formule globale du temps.

Phrases négatives

1. *He wasn't (was + not) allowed to smoke.* = **Il n'était pas autorisé à fumer.**

   C'est une négation avec l'auxiliaire To Be (être) au preterit associé à Not. On applique sujet + auxiliaire (was) + not + allowed to.

   To Be + not traduit « Ne… pas » et fait partie de la formule globale du temps.

2. *They weren't allowed to call him.* = **Ils n'étaient pas autorisés à l'appeler.**

   C'est une négation avec l'auxiliaire To Be (être) au preterit associé à Not. On applique sujet + auxiliaire (were) + not + allowed to.

   To Be + not traduit « Ne…pas » et fait partie de la formule globale du temps.

Exercices au futur simple

Phrases affirmatives

1. *He* .... *to smoke.* = Il sera autorisé à fumer.
2. *They* .... *to call him.* = Ils seront autorisés à l'appeler.

Phrases interrogatives

1. .... *he* .... *to smoke?* = Est-ce qu'il sera autorisé à fumer ?
2. .... *they* .... *to call him?* = Est-ce qu'ils seront autorisés à l'appeler ?

Phrases négatives

1. *He* .... *to smoke.* = Il ne sera pas autorisé à fumer.
2. *They* .... *to call him.* = Ils ne seront pas autorisés à l'appeler.

Corrections

Phrases affirmatives

1. *He will be allowed to smoke.* = **Il sera autorisé à fumer.**

   Il suffit de conjuguer To Be (être) au futur simple. Will + be.

2. *They will be allowed to call him.* = **Ils seront autorisés à l'appeler.**

   Il suffit de conjuguer To Be (être) au futur simple. Will + Be.

Phrases interrogatives

1. *Will he be allowed to smoke?* = Est-ce qu'il sera autorisé à fumer ?

   C'est une question avec l'auxiliaire du futur simple (will) associé à To Be (être). On applique auxiliaire (will) + sujet + Be + allowed to.

   Will traduit « est-ce que » et fait partie de la formule globale du temps.

2. *Will they be allowed to call him?* = Est-ce qu'ils seront autorisés à l'appeler ?

   C'est une question avec l'auxiliaire du futur simple (will) associé à To Be (être). On applique auxiliaire (will) + sujet + be + allowed to.

   Will traduit « est-ce que » et fait partie de la formule globale du temps.

Phrases négatives

1. *He will not be allowed to smoke.* = Il ne sera pas autorisé à fumer.

   C'est une négation avec l'auxiliaire du futur simple (will) associé à Not. On applique sujet + auxiliaire (will) + not + allowed to.

   To Be + not traduit « Ne… pas » et fait partie de la formule globale du temps.

2. *They won't (will + not) be allowed to call him.* = Ils ne seront pas autorisés à l'appeler.

   C'est une négation avec l'auxiliaire du futur simple (will) associé à Not. On applique sujet + auxiliaire (will) + not + allowed to.

   To Be + not traduit « Ne… pas » et fait partie de la formule globale du temps.

23. L'impératif

Tout comme en français l'impératif est utilisé *pour donner des ordres…* ***Traduire la notion d'obligation***.

Il se conjugue *comme un verbe à la forme infinitive* mais sans le ***To***. L'impératif s'adresse soit *à une personne*, c'est l'équivalent du « ***Tu*** » soit à *un groupe*, l'équivalent du « ***Vous*** ».

Il se *conjugue sans aucun sujet et est très souvent en début de phrase*, tout comme l'impératif de la langue française. Il a *une forme simple conjuguée* au présent.

- *Listen to* me, you must do your homework.
  = Écoute *moi, tu dois faire tes devoirs.*
  Écoutez *moi, vous devez faire vos devoirs.*

- *Look*, there is *a cat* **in the garden**. = Regarde/regardez, *il y a* un ***chat dans le jardin***.

On peut utiliser l'impératif lorsqu'on *souhaite interpeller quelqu'un* à propos ***d'un événement ou autre.***

- *Eat* more fruits. = Mange/mangez *plus de fruits.*

L'impératif est aussi *utilisé pour les slogans, campagne publicitaire* afin de faire ***croire à la personne qu'on s'adresse à elle et l'inciter à consommer tel ou tel produit***.

Exercices

Phrases affirmatives

1. ……………… *(To drink) It's very hot.* = Bois, il fait très chaud.
2. ……………… *(To eat) a sugar, you look tired.* = Mange un sucre, tu as l'air fatigué.

Phrases négatives

1. ……………… *(To drink).* = Ne bois pas.
2. ……………… *(To eat).* = Ne manges pas.

Corrections

Phrases affirmatives

1. *Drink, it's very hot.* = Bois, il fait très chaud.

   Il suffit de respecter le cours, l'impératif se conjugue au présent sans sujet dans la phrase même si la personne s'adresse à un individu ou un groupe. C'est un verbe de forme infinitive sans To.

2. *Eat a sugar, you look tired.* = Mangez un sucre, vous avez l'air fatigué.

   Il suffit de respecter le cours, l'impératif se conjugue au présent sans sujet dans la phrase même si la personne s'adresse à un individu ou un groupe. C'est un verbe de forme infinitive sans To.

Phrases négatives

1. *Don't drink.* = Ne bois pas.

   C'est une négation, il suffit d'utiliser l'auxiliaire du temps (présent Do) + not sans sujet même si la personne s'adresse à un individu ou un groupe.

2. *Don't eat sugar.* = Ne mangez pas de sucre.

   C'est une négation, il suffit d'utiliser l'auxiliaire du temps (présent Do) + not sans sujet même si la personne s'adresse à un individu ou un groupe.

24. La forme passive

La forme passive est *couramment utilisée en anglais*, plus qu'en français… Elle sert souvent à ***traduire le sujet « On » du français***.

He was asked *to speak louder.* = *On* lui *a demandé/***on lui demanda** de parler plus fort.

Il est *courant d'entendre dire* que la traduction de « ***On*** » se fait grâce au sujet « ***It*** » ce qui est *impossible puisque* ce ***sujet*** n'est pas *employé pour parler des humains mais des animaux, objets, concepts…*

Donc, *par définition*, il ne peut pas traduire le *« On » du passif.*

En revanche on peut utiliser « ***It*** » comme ***sujet*** *à la troisième personne du singulier pour traduire un passif.*

It *was said that.* = *Il* a été dit que.

Ici « ***Il*** » ne concerne pas ***une personne***.

On conjugue le « passif » avec :

→ *L'auxiliaire* To be (être) *+ participe passé (3ᵉ colonne des verbes irréguliers ou Ed).* Seul To be est conjugué.

Ou avec :

→ To have + *participe passé de* To be (Been) + *3ᵉ colonne (Ed)* pour un passif au present perfect,

Et :

→ Had + *participe passé de* To be (been) + *3ᵉ colonne (Ed)* pour un passif au plus-que-parfait.

Voyons les différentes formes de construction.

- **Présent simple**

→ To be (au présent) + *3ᵉ colonne (Ed)*

I am helped. = On m'aide, je suis aidé.

- **Présent progressif**

→ To be (au présent) + *being* + *3ᵉ colonne (Ed)*

I am being helped. = On n'est en train de m'aider.

Preterit simple

→ To be (au preterit) + *3e colonne (Ed)*

I was helped. = On m'a aidé/On m'aida/Je fus aidé.

Preterit progressif

→ To be (au preterit) + bei*ng* + *3e colonne (Ed)*

I was being helped. = On était *en train de* m'aider, J'étais en train *de me faire aider.*

Present perfect simple

Bilan au discours indirect et non plus narration.

→ To Have + *Been* + *3e colonne (Ed)*

→ I have been *helped*: On m'a aidé.

Conjugué sur le mode passif *de bilan ou constat.* C'est pourquoi on retrouve la Formule To have + been (Have + 3e) du present perfect combiné à nouveau au verbe principal conjugué au *participe passé donc à la 3e colonne ou Ed.*

→ To have + been (have + 3e) + *3e colonne du verbe conjugué*

I have been helped.

Plus-que-parfait simple

Bilan sur le mode narratif.

→ Had + been + 3e colonne (Ed)

I had been helped. = On m'avait aidé…

On retrouve la formule de départ du plus-que-parfait : Had + been (had + 3e) combiné à nouveau *au verbe principal conjugué au participe passé donc à la 3e colonne ou Ed.*

→ Had + been (Had + 3e) + *3e colonne du verbe conjugué.*

Donc on peut constater que le passif n'est *pas uniquement conjugué* à partir de To be + *3e colonne ou (Ed)* contrairement ***à l'idée véhiculée***.

Cela ne prend pas en compte le present perfect, le plus-que-parfait à la *voix passive.*

Il faut donc apprendre une nouvelle fois ces temps par formule « individuelle » et non pas par formule générale.

- **Futur**

→ Will + to be (à l'infinitif sans To) + 3e *colonne ou (Ed)*

I will be helped. = Je serai *aidé…On m'aidera.*

Voilà pour les *principaux temps à connaître.*

Pour chaque groupe d'exercices il suffira *d'appliquer la formule du cours.*

Exercices avec le présent simple

- **Phrases affirmatives**

1. *He .... (To drive).* = On le conduit.
2. *They .... (To give) a map.* = On leur donne une carte.

- **Phrases interrogatives**

1. .... *he .... (To drive)?* = Est-ce qu'on le conduit ?
2. .... *they .... (To give) a map?* = Est-ce qu'on leur donne une carte ?

- **Phrases négatives**

1. *He .... (To drive).* = Il n'est pas conduit.
2. *They .... (To give) a map.* = On ne leur donne pas de carte.

Corrections

- **Phrases affirmatives**

1. *He is driven.* = On le conduit.

   Pas de difficultés, on applique le cours To Be (au présent) + verbe 3e colonne ou Ed.

2. *They are given a map.* = On leur donne une carte.

   Pas de difficultés, on applique le cours To Be (au présent) + verbe en 3e colonne ou Ed.

Phrases interrogatives

1. *Is he driven?* = Est-ce qu'on le conduit ?

   On applique le cours To Be au présent et verbe en 3e colonne ou Ed. Formule question auxiliaire + sujet + verbe 3e ou Ed.

2. *Are they given a map?* = Est-ce qu'on leur donne une carte ?

   On applique le cours To Be au présent et verbe en 3e colonne ou Ed. Formule question auxiliaire + sujet + verbe 3e ou Ed.

Phrases négatives

1. *He is not driven.* = On ne le conduit pas.

   On applique le cours To Be au présent et verbe en 3e colonne ou Ed. Formule négation sujet + auxiliaire + not + verbe 3e colonne Ed.

2. *They are not given a map.* = On ne leur donne pas de carte.

   On applique le cours To Be au présent et verbe en 3e colonne ou Ed. Formule négation sujet + To Be + not + verbe en 3e ou Ed.

Exercices avec le présent progressif

Phrases affirmatives

1. *He .... (To drive).* = On est en train de le conduire.
2. *They .... (To give).* = On est en train de leur donner des cartes.

Phrases Interrogatives

1. .... *he .... (To drive)?* = Est-ce qu'on est en train de le conduire ?
2. .... *they .... (To give)?* = Est-ce qu'on est en train de leur donner des cartes ?

Phrases négatives

1. *He .... (To drive).* = On n'est pas en train de le conduire.
2. *They .... (To give) a map.* = On n'est pas en train de leur donner des cartes.

Corrections

Phrases affirmatives

1. *He is being driven.* = On est en train de le conduire.

   On applique le cours To Be au présent + being + verbe en 3e colonne ou Ed.

2. *They are being given a map.* = On est en train de leur donner une carte.

   On applique le cours To Be au présent + being + verbe en 3e colonne ou Ed.

Phrases interrogatives

1. *Is he being driven?* = Est-ce qu'on est en train de le conduire ?

   Pas de difficultés, on applique le cours To Be au présent et formule question auxiliaire (is) + sujet + being driven.

2. *Are they being given a map?* = Est-ce qu'on est en train de leur donner une carte ?

   Pas de difficultés, on applique le cours To Be au présent et formule question auxiliaire (are) + sujet + being given.

Phrases négatives

1. *He is not being driven.* = On n'est pas en train de le conduire.

   Pas de difficultés, on applique le cours To be au présent. Sujet + auxiliaire (is) + not + Being + driven.

2. *They are not being given a map.* = On n'est pas en train de leur donner une carte.

   Pas de difficultés, on applique le cours To Be au présent. Sujet + auxiliaire (are) + not + being + given.

Exercices avec le preterit simple

Phrases affirmatives

1. *He .... (To drive).* = Il fut conduit.
2. *They .... (To give) a map.* = On leur donna une carte.

Phrases interrogatives

1. .... *he* .... *(To drive)?* = Est-ce qu'il fut conduit ?
2. .... *they* .... *(To give) a map?* = Est-ce qu'on leur donna une carte ?

Phrases négatives

1. *He* .... *(To drive).* = Il ne fut pas conduit.
2. *They* .... *(To give) a map.* = On ne leur donna pas de carte.

Corrections

Phrases affirmatives

1. *He was driven.* = Il fut conduit.

   Pas de difficultés, To Be au preterit + verbe en 3e colonne ou Ed.
2. *They were given a map.* = On leur donna une carte.

   Pas de difficultés, To Be au preterit + verbe en 3e colonne ou Ed.

Phrases interrogatives

1. *Was he driven?* = Est-ce qu'il fut conduit ?

   Pas de difficultés, on applique le cours, To Be au preterit et formule question auxiliaire (was) + sujet + verbe 3e colonne ou Ed.
2. *Were they given a map?* = Est-ce qu'on leur a donné une carte ?

   Pas de difficultés, on applique le cours, To Be au preterit et formule question auxiliaire (were) + sujet + verbe en 3e colonne ou Ed.

Phrases négatives

1. *He was not driven.* = Il ne fut pas conduit.

   Pas de difficultés, on applique le cours To Be au preterit. Sujet + (was) + not + verbe en 3e colonne ou Ed.
2. *They were not given a map.* = On ne leur donna pas de carte.

   Pas de difficultés, on applique le cours To Be au preterit. Sujet + auxiliaire (were) + not + verbe en 3e colonne ou Ed.

Exercices avec la preterit progressif

Phrases affirmatives

1. *He* .... *(To drive).* = On était en train de le conduire.
2. *They* .... *(To give) a map.* = On était en train de leur donner une carte.

Phrases interrogatives

1. .... *he* .... *(To drive)?* = Est-ce qu'il était en train d'être conduit ?
2. .... *they* .... *(To give) a map?* = Est-ce qu'on était en train de leur donner une carte ?

Phrases négatives

1. *He* .... *(To drive).* = Il n'était pas en train d'être conduit.
2. *They* .... *(To give) a map.* = On n'était pas en train de leur donner une carte.

Corrections

Phrases affirmatives

1. *He was being driven.* = Il était en train d'être conduit.

   Pas de difficultés, To Be au preterit + being + verbe en 3e colonne ou Ed.
2. *They were being given a map.* = On était en train de leur donner un carte.

   Pas de difficultés, To Be au preterit + being + verbe en 3e colonne ou Ed.

Phrases interrogatives

1. *Was he being driven?* = Est-ce qu'il était en train d'être conduit ?

   Pas de difficultés, To Be au preterit et formule question. Auxiliaire (was) + sujet + Being + verbe en 3e colonne ou Ed.
2. *Were they being given a map?* = Est-ce qu'on était en train de leur donner une carte ?

   Pas de difficultés, To Be au preterit et formule question. Auxiliaire (were) + sujet + being + verbe en 3e colonne ou Ed.

Phrases négatives

1. *He was not being driven.* = Il n'était pas en train d'être conduit.

   Pas de difficultés, To Be au preterit. On applique sujet + auxiliaire (was) + not + being + verbe en 3e colonne ou Ed.

2. *They were not being given a map.* = On n'était pas en train de leur donner de carte.

   Pas de difficultés, To Be au preterit. On applique sujet + auxiliaire (were) + not + being + verbe en 3e ou Ed.

Exercices avec le present perfect

Phrases affirmatives

1. *He .... (To drive).* = On l'a conduit.
2. *They .... (To give) a map.* = On leur a donné une carte.

Phrases interrogatives

1. .... *he .... (To drive)?* = Est-ce qu'on l'a conduit ?
2. .... *they .... (To give) a map?* = Est-ce qu'on leur a donné une carte ?

Phrases négatives

1. *He .... (To drive).* = Il n'a pas été conduit.
2. *They .... (To give).* = On ne leur a pas donné de carte.

Corrections

Phrases affirmatives

1. *He has been driven.* = On l'a conduit.

   Pas de difficultés, base du present perfect + verbe en 3e colonne ou Ed.

2. *They have been given a map.* = On leur a donné une carte.

   Pas de difficultés, base du present perfect + verbe en 3e colonne ou Ed.

Phrases interrogatives

1. *Has he been driven?* = Est-ce qu'il a été conduit ?

   Pas de difficultés, base du present perfect et formule question. Auxiliaire (Has) + sujet + been + verbe en 3e colonne ou Ed.

2. *Have they been given a map?* = Est-ce qu'on leur a donné une carte ?

   Pas de difficultés, base du present perfect et formule question. Auxiliaire (have) + sujet + been + verbe en 3e colonne ou Ed.

Phrases négatives

1. *He hasn't been driven.* = Il n'a pas été conduit.

   Pas de difficultés, base du present perfect, formule négation. Sujet + auxiliaire (Has) + not + been + verbe en 3e colonne ou Ed.

2. *They haven't been given a map.* = On ne leur a pas donné de carte.

   Pas de difficultés, base du present perfect, formule négation. Sujet + auxiliaire (Have) + not + been + verbe en 3e colonne ou Ed.

Exercices avec le plus-que-parfait

Phrases affirmatives

1. *He .... (To drive).* = Il avait été conduit.
2. *They .... (To give) a map.* = Il leur avait été donné une carte.

Phrases interrogatives

1. .... *he .... (To drive)?* = Est-ce qu'il avait été conduit ?
2. .... *they .... (To give)?* = Est-ce qu'il leur avait été donné une carte ?

Phrases négatives

1. *He .... (To drive).* = Il n'avait pas été conduit.
2. *They .... (To give) a map.* = Il ne leur avait pas été donné de carte.

Corrections

Phrases affirmatives

1. *He had been driven.* = Il avait été conduit.

   Pas de difficultés, Base de plus-que-parfait. On applique la formule.

2. *They had been given a map.* = Il leur avait été donné une carte.

   Pas de difficultés, base de plus-que-parfait. On applique la formule.

Phrases interrogatives

1. *Had he been driven?* = Est-ce qu'il avait été conduit ?

   Pas de difficultés, Base de plus-que-parfait et c'est une question. On applique auxiliaire (Had) + sujet + been + verbe en 3e colonne ou Ed.

2. *Had they been given a map?* = Est-ce qu'il leur avait été donné une carte ?

   Pas de difficultés, base de plus-que-parfait et c'est une question. On applique auxiliaire (had) + sujet + been + verbe en 3e colonne ou Ed.

Phrases négatives

1. *He had not been driven.* = Il n'avait pas été conduit.

   Pas de difficultés, base de plus-que-parfait et c'est une négation. On applique la formule sujet + auxiliaire (Had) + not + been + verbe en 3e colonne ou Ed.

2. *They had not been given a map.* = Il ne leur avait pas été donné de carte.

   Pas de difficultés, base de plus-que-parfait et c'est une négation. On applique la formule sujet + auxiliaire (Had) + not + been + verbe en 3e colonne ou Ed.

Exercices avec le futur simple

Phrases affirmatives

1. *He .... (To drive).* = Il sera conduit.
2. *They .... (To give).* = Il leur sera donné une carte.

Phrases interrogatives

1. *He .... (To drive)?* = Est-ce qu'il sera conduit ?
2. .... *they .... (To give) a map?* = Est-ce qu'il leur sera donné une carte ?

Phrases négatives

1. *He .... (To drive).* = Il ne sera pas conduit.
2. *They .... (To give).* = Il ne leur sera pas donné de carte.

Corrections

Phrases affirmatives

1. *He will be driven.* = Il sera conduit.

   Pas de difficultés, base de futur simple + verbe en 3e colonne en ou Ed.
2. *They will be given a map.* = Il leur sera donné une carte.

   Pas de difficultés, base de futur simple + verbe en 3e colonne ou Ed.

Phrases interrogatives

1. *Will he be driven?* = Est-ce qu'il sera conduit ?

   Pas de difficultés, base de futur simple, c'est une question. On applique auxiliaire (will) + sujet + be + verbe en 3e colonne ou Ed.
2. *Will they be given a map?* = Est-ce qu'il leur sera donné une carte ?

   Pas de difficultés, base de futur simple, c'est une question. On applique auxiliaire (will) + sujet + be + verbe en 3e colonne ou Ed.

Phrases négatives

1. *He will not be driven.* = Il ne sera pas conduit.

   Pas de difficultés, base de futur simple et c'est une négation.

   On applique sujet + auxiliaire (will) + not + be + verbe en 3e colonne ou Ed.
2. *They will not be given a map.* = Il ne leur sera pas donné de carte.

   Pas de difficultés, base de futur simple et c'est une négation.

   On applique sujet + auxiliaire (will) + not + be + verbe en 3e colonne ou Ed.

25. Le futur antérieur

On l'utilise pour *évoquer une action qui sera* ***terminée/accomplie*** dans le futur ***au moment où l'on en parle*** *(au présent).*

Formule affirmative

→ Sujet + Will + have + *verbe irrégulier en 3e colonne ou Ed.*

I + *Will* + *have* + finished my homework tonight. = J'aurai *fini mes devoirs ce soir.*

Formule question

→ Auxiliaire + sujet + have + *verbe irrégulier en 3e colonne ou Ed.*

Will + *you* + *have* + finished *your homework tonight?* = Est-ce que tu auras *fini* tes devoirs ce soir ?

Will traduit non seulement « est-ce que » mais fait aussi partie *de la formule complète* du futur antérieur.

Formule négation

→ Sujet + will (auxiliaire) + not + have + *verbe en 3e colonne ou (Ed)*

He + *will* + *not* + *have* + finished *his homework tonight.* = Il n'aura pas *fini* ses devoirs ce soir.

Will + not traduit « Ne… pas » et fait partie de *la formule* complète du futur antérieur.

Exercices

Phrases affirmatives

1. *She* .... *(To forget).* = Elle aura oublié.
2. *They* .... *(To understand).* = Ils auront compris.

Phrases interrogatives

1. .... *she* .... *(To forget)?* = Est-ce qu'elle aura oublié ?
2. .... *they* .... *(To understand)?* = Est-ce qu'ils auront compris ?

Phrases négatives

1. *She* .... *(To forget).* = Elle n'aura pas oublié.
2. *They* .... *(To understand).* = Ils n'auront pas compris.

Corrections

Phrases affirmatives

1. *She will have forgotten.* = Elle aura oublié.

   Pas de difficultés, il suffit de suivre la formule du cours au sens strict du terme, il n'y a aucun changement.

   Will + Have + verbe en 3e colonne pour les irréguliers et en « Ed » pour les réguliers.

2. *They will have understood.* = Ils auront compris.

   Pas de difficultés, il suffit de suivre la formule du cours au sens strict du terme, il n'y a aucun changement. Will + have + verbe en 3e colonne pour les irréguliers et terminaison « Ed » pour les réguliers.

Phrases interrogatives

1. *Will she have forgotten?* = Est-ce qu'elle aura oublié ?

   C'est une question avec l'auxiliaire du futur antérieur (will). On respecte la formule auxiliaire (Will) + sujet + have + verbe en 3e colonne pour les irréguliers et terminaison « Ed » pour les réguliers.

   Will traduit « est-ce que » et fait partie de la formule globale du temps.

2. *Will they have understood?* = Est-ce qu'ils auront compris ?

   C'est une question avec l'auxiliaire du futur antérieur (will). On respecte la formule auxiliaire (will) + sujet + have + verbe en 3e colonne pour les irréguliers ou terminaison en « Ed » pour les réguliers.

Phrases négatives

1. *She won't (will not) have forgotten.* = **Elle n'aura pas oublié.**

   C'est une négation avec l'auxiliaire du futur antérieur (will) associé à not.

   On respecte la formule sujet + will + not + have + verbe en 3e colonne ou terminaison en « Ed » pour les verbes réguliers.

   Will + not traduit « Ne… pas » et fait partie de la formule globale du temps.

2. *They won't (will + not) have understood.* = **Ils n'auront pas compris.**

   C'est une négation avec l'auxiliaire du futur antérieur (will) associé à not.

   On respecte la formule sujet + will + not + have + verbe en 3e colonne des verbes irréguliers ou terminaison « Ed » pour les réguliers.

   Will + not traduit « Ne… pas » et fait partie de la formule globale du temps.

26. Le futur progressif

Tout comme au présent (présent progressif) et à l'imparfait (preterit progressif) une *action peut être en progression dans le futur* ***au moment où on l'évoque***.

L'anglais sera donc sur *une forme progressive composée à partir* de To Be + verbe *Ing*.

Formule affirmative

→ Sujet + will (auxiliaire du futur) + To Be (à l'infinitif sans To) + *verbe en Ing*

He + *will* + *be* + *play*ing. = Il sera *en train de* jouer.

Formule question

→ Auxiliaire + sujet + To Be (à l'infinitif sans To) + verbe en *Ing*

Will + *he* + *be* + *playing*? = Est-ce qu'il sera *en train* de jouer.

Will traduit non seulement « est-ce que » mais fait aussi partie *de la formule globale*.

Formule négation

→ Sujet + will (auxiliaire) + not + To Be (à l'infinitif sans To) + verbe en *Ing*

He + *will* + *not* + *be* + *play*ing. = Il ne sera pas *en train* de jouer.

Will + not traduit non seulement « Ne…pas » mais fait aussi partie *de la formule globale*.

Exercices

Phrases affirmatives

1. *She* .... *(To eat) at home.* = Elle sera en train de manger chez elle.
2. *They* .... *(To play) tennis.* = Ils seront en train de jouer au tennis.

- **Phrases interrogatives**

1. .... *she* .... *(To eat) at home?* = Est-ce qu'elle sera en train de manger chez elle ?
2. .... *they* .... *(To play) tennis?* = Est-ce qu'ils seront en train de jouer au tennis ?

- **Phrases négatives**

1. *She* .... *(To eat) at home.* = Elle ne sera pas en train de manger chez elle.
2. *They* .... *(To play) tennis.* = Ils ne seront pas en train de jouer au tennis.

Corrections

- **Phrases affirmatives**

1. *She will be eating at home.* = Elle sera en train de manger à la maison.

   Pas de difficultés, on applique la formule du cours. Il suffit d'associer Will et To Be suivis d'un verbe en « Ing ».

   La forme ne change pas, peu importe le sujet.

2. *They will be playing tennis.* = Ils seront en train de jouer au tennis.

   Pas de difficultés, on applique la formule du cours. Il suffit d'associer Will et To Be suivi d'un verbe en « Ing ».

   La forme ne change pas, peu importe le sujet.

- **Phrases interrogatives**

1. *Will she be eating at home?* = Est-ce qu'elle sera en train de manger chez elle ?

   C'est une question avec l'auxiliaire Will associé à To Be (être). On respecte la formule auxiliaire (Will) + sujet + be + verbe en « Ing » puisqu'il y a un aspect progressif.

   Will traduit « est-ce que » et fait partie de la formule globale du temps.

2. ***Will they be playing tennis?* = Est-ce qu'ils seront en train de jouer au tennis ?**

   C'est une question avec l'auxiliaire Will associé à To Be (être). On respecte la formule auxiliaire (will) + sujet + be + verbe en « Ing » puisqu'il y a un aspect progressif.

   Will traduit « est-ce que » et fait partie de la formule globale du temps.

Phrases négatives

1. ***She will not be eating at home.* = Elle ne sera pas en train de manger chez elle.**

   C'est une négation avec l'auxiliaire Will associé à not.

   On respecte sujet + will + not + be + verbe en « Ing » puisqu'il y a un aspect progressif.

   Will + not traduit « Ne… pas » et fait partie de la formule du temps.

2. ***They won't (will + not) be playing tennis.* = Ils ne seront pas en train de jouer au tennis.**

   C'est une négation avec l'auxiliaire Will associé à Not.

   On respecte sujet + will + not + be + verbe en Ing puisqu'il y a un aspect progressif.

   Will + not traduit « Ne… pas » et fait partie de la formule du temps.

27. Futur/conditionnel et concordance de temps

Il faut se méfier en *anglais de certaines concordances de temps qui diffèrent totalement du français.* Une nouvelle fois si l'on *n'y prête pas attention et que l'on pense en français* et non pas à « ***Quelle est la règle en anglais*** » la traduction *sera erronée.*

Pour utiliser *l'équivalent* du conditionnel français en anglais *il faudra combiner* un « présent » à un « futur simple ».

→ Présent + futur simple (will) : Conditionnel anglais

When I am rich I will travel *a lot.* = Quand je serai riche (conditionnel en français/présent en anglais), je *voyage*rai beaucoup (futur simple dans les deux langues)

Si l'on n'applique pas cette *formule en pensant en français* la traduction *anglaise* sera ***systématiquement fausse***.

I will speak *to her when she will* be *here.* = Je lui parlerai quand elle sera là.

Futur simple dans les ***deux cas, c'est impossible***.

On traduit au présent après *When* (quand), *As soon as* (dès que), *as long as*(tant que), *until* (jusqu'à), *while* (pendant que), *before* (avant) , *after* (après), *if* (si), *who* (qui) , *what* (que/ce que), *As much as* (autant que) et *In case of* (au cas où/dans le cas où).

On utilisera Would + *verbe à l'infinitif* après un preterit pour traduire l'aspect conditionnel.

If I had a lot of money I would get up *late.* = Si j'avais beaucoup d'argent je me *lèverais* tard.

Un dernier point *posant souvent problème* sur les **concordances** présent/futur. Lorsque l'on prend une *décision en français* on utilise le présent, en anglais on *utilisera* le futur simple « Will + *verbe à l'infinitif* ».

I will do *it now.* = Je le fais.
I will take *care of it.* = Je m'en occupe.
I will call *him.* = Je l'appelle.

Et non pas le présent simple.

Exercices avec présent + futur simple

Phrases affirmatives

1. *When he .... (To be home) I .... (To call) you.* = Quand il sera à la maison je t'appellerai.
2. *When I .... (To be rich) I .... (To Buy) a house.* = Quand je serai riche j'achèterai une maison.

Phrases négatives

1. *When I .... (To be tired) anymore I .... (To come).* = Quand je ne serai plus fatigué je viendrai.
2. *When she .... (To be angry) anymore she .... (To listen to) you.* = Quand elle ne sera plus en colère elle t'écoutera.

Corrections

Phrases affirmatives

1. *When he is home I will call you.* = Quand il sera à la maison je t'appellerai.

   Pas de difficultés, on respecte le cours et la formule To Be (être) au présent à la personne qui convient (is) suivi du verbe au futur simple (will + verbe infinitif).

   Attention il ne faut pas penser en français.

2. *When I am rich I will buy a house.* = Quand je serai riche j'achèterai une maison.

   Pas de difficultés, on respecte le cours et la formule To Be (être) au présent à la personne qui convient (am) suivi du verbe au futur simple (will + verbe à l'infinitif).

   Attention il ne faut pas penser en français.

Phrases négatives

1. *When I am not tired anymore I will come.* = Quand je ne serai plus fatigué je viendrai.

   C'est une négation avec l'auxiliaire être (To Be) au présent associé à not.

   On respecte sujet + auxiliaire (To be) + not + participe passé ou verbe.

   Attention, ne pas penser en français.

2. *When she is not angry anymore she will listen to you.* = Quand elle ne sera plus en colère elle t'écoutera.

   C'est une négation avec l'auxiliaire être (To Be) au présent associé à Not. On respecte sujet + auxiliaire (To Be) + not + participe passé ou verbe.

   Attention, ne pas penser en français.

   La question sous cette forme est très rare.

Exercices avec Would + verbe infinitif après un preterit

Phrases affirmatives

1. *If I .... (To have) a big house I .... (To invite) all my friends.* = Si j'avais une grande maison j'inviterais tous mes amis.
2. *If he .... (To play) tennis he .... (To be) fit.* = S'il jouait au tennis il serait en forme.

Phrases négatives

1. *If I .... (To play) tennis I .... (To be) sad.* = Si je ne jouais pas au tennis je serais triste.
2. *If he .... (To have) time he .... (To eat) faster.* = Si il n'avait pas le temps il mangerait plus vite.

Corrections

Phrases affirmatives

1. *If I had a big house I would invite all my friends.* = Si j'avais une grande maison j'inviterais tous mes amis.

   Pas de difficultés, on retrouve un preterit (Had) suivi d'un verbe au conditionnel conjugué de « Would + verbe infinitif sans to »

2. *If he played tennis he would be fit.* = S'il jouait au tennis il serait en forme.

   Pas de difficultés, on retrouve un preterit (played) suivi d'un verbe au conditionnel conjugué de « would + verbe à l'infinitif sans to »

Phrases négatives

1. *If I didn't play tennis I would be sad.* = Si je ne jouais pas au tennis je serais triste.

   C'est une négation au preterit, l'auxiliaire est donc Did associé à not.

   On respecte sujet + auxiliaire (did) + not + verbe à l'infinitif sans To suivi d'un conditionnel « Would + verbe à l'infinitif sans To ».

2. *If he didn't have time he would eat faster.* = Si il n'avait pas de temps il mangerait plus vite.

   C'est une négation au preterit, l'auxiliaire est donc Did associé à Not.

   On respecte sujet + auxiliaire (did) + not + verbe à l'infinitif sans To suivi d'un conditionnel « Would + verbe à l'infinitif sans To ».

28. Les déclencheurs de questions en Wh

Ces ***déclencheurs*** sont au nombre *de 6*. Ils sont généralement connus mais *rarement* retenus bien qu'ils soient très utiles.

Voici un rappel :

- What : *Que, Qu', Quel*
- When : *Quand*
- Who : *Qui*
- Where : *Où*
- Why : *Pourquoi*
- How : *Comment*

Bien que commençant par la lettre *H* « How » fait partie de cette liste puisqu'on *l'utilise pour* ***déclencher des questions*** commençant par « *Comment* » lorsqu'il n'est pas suivi *de Many* ou *Much* qui en revanche traduit (*Combien*).

En général les enseignants ont *le postulat suivant* : C'est avec ces mots que ***l'on pose des questions.*** Ce qui est *faux* puisqu'on ***pose des questions*** à partir de *la formule commune* à tous ***les temps*** et vue dans la *partie conjugaison.*

→ Auxiliaire + sujet + verbe

Prenons l'exemple suivant :

What + *are* + *you* + doing?

→ Déclencheur + auxiliaire + sujet + *verbe*

= Qu'est ce que tu es *en train de faire ?*

On observe à partir de cet exemple que « What /Qu' » a bien ***déclenché la formule*** auxiliaire + sujet + verbe entraînant une *question.*

Ce n'est pas *What* qui pose la *question mais bien la formule.*

Les mots en « Wh » sont donc simplement des ***déclencheurs de questions***.

Attention.

« *What* » lorsqu'il a une ***position de relatif***, c'est-à-dire lorsqu'il *articule deux morceaux de phrase,* a un sens ***différent.*** On le traduira par « **Ce qu'/Ce que** »

Il peut aussi un *rôle exclamatif* : ***What /Quoi*** ou ***comment***.

Did you hear what *he said?* = Est ce que tu as entendu *ce qu*'il a dit ?

Attention :

En revanche lorsque « ***Who*** » « ***What*** » ***et*** « ***Which*** » ont *une position de sujet* dans ***la question,*** on n'emploie pas l'*auxiliaire* du temps (Do, Did, etc.) et donc la formule « auxiliaire + sujet + verbe » n'a pas cours *dans ce cas de figure.*

Who *Told you that? = Qui* t'a dit cela ?

On conjugue simplement *le verbe au temps souhaité.* (Told/preterit) mais l'*auxiliaire* du preterit « Did » *n'intervient pas.*

What *happened? Que s'est-il passé.?*

Idem.

Exercices

1. .... *you* .... *(To be going to)?* = Ou vas-tu ?
2. .... *he* .... *(To come, preterit)?* = Quand est-il venu ?
3. .... *she* .... *(To call, present)?* = Qui appelle-t-elle ?
4. .... *you* .... *(To be sad)?* = Pourquoi es-tu triste ?
5. .... *your mother?* = Comment va ta mère ?
6. .... *he* .... *(To do) yesterday?* = Qu'est ce qu'il a fait hier ?

Corrections

1. *Where are you going?* = Ou vas-tu ?

   Question au futur proche avec le verbe Aller (To be going to).

   On respecte la forme puisque ce n'est pas le déclencheur (Where) qui est garant de la syntaxe de la question mais bien la formule auxiliaire + sujet + verbe.

   Where (déclencheur) + To Be (auxiliaire) + sujet + going to (verbe).

   To Be est conjugué au présent à la personne qui convient (are) et traduit « est-ce que ».

2. *When did he come?* = Quand est-il venu ?

   Question au preterit simple avec le verbe Venir (To come).

   On respecte la forme puisque ce n'est pas le déclencheur (When) qui est garant de la syntaxe de la question mais bien la formule auxiliaire + sujet + verbe.

   When (déclencheur) + Did (auxiliaire) + sujet + verbe à l'infinitif sans To.

   Did traduit « est-ce que » et fait partie de la formule du temps.

3. *Who are you calling?* = Qui appelles-tu ?

   Ici Who déclenche bien la question et nous oblige à respecter la formule :

   Auxiliaire + sujet + verbe. Verbe Appeler (To call) au présent progressif.

   Who (déclencheur) + To Be (auxiliaire) + sujet + verbe en Ing puisque progressif.

   To be traduit « est-ce que » et fait partie de la formule.

   Attention : Avec « Who » la formule auxiliaire + sujet + verbe peut ne pas être respectée comme expliqué dans le cours.

   - *Who is calling you?* = **Qui est en train de t'appeler ?**

   Ici « Who » est à la fois déclencheur et sujet. You positionné en fin de phrase n'est plus le You sujet mais un pronom personnel complément (t') en français.

4. *Why are you sad?* = Pourquoi es-tu triste ?

   Question au présent effectuée à partir d'un composé de To Be + participe passé ou (adjectif) puisque Sad (triste) n'est pas un verbe.

   On respecte néanmoins la formule auxiliaire + sujet + verbe (ou autre).

   → **Why (déclencheur) + To Be (auxiliaire) + sujet + participe ou adjectif**

5. *How is your mother doing?* = Comment va ta mère ?

   Tout comme « Who » How est à la fois déclencheur et sujet.

   → **How (déclencheur) + To Be (auxiliaire) + pronom possessif (your) + mother.**

6. *What did you do yesterday?* = Qu'est ce que tu as fait hier ?

   C'est une question au preterit simple avec le verbe Faire (To do).

   On respecte la forme puisque ce n'est pas le déclencheur « What » qui est garant de la syntaxe de la question mais bien la formule auxiliaire + sujet + verbe.

   → **What (déclencheur) + Did (auxiliaire) + sujet + verbe à l'infinitif sans To.**

   Did traduit « est-ce que » et fait partie de la formule globale du temps.

29. Les Tags ou Questions Tags

Cette forme correspond tout simplement aux réponses Oui, Non et N'est-ce pas du français.

> *Do you like tea? Yes I do.* = Est-ce que vous aimez thé ? Oui.

L'utilisation de cette forme est en *réalité très simple bien qu'elle pose beaucoup de problèmes aux locuteurs français.*

Il suffit de respecter la formule suivante : ***on reprend l'auxiliaire du temps, affirmatif si la réponse est oui et négatif si la réponse est non.***

> *Does he play tennis? Yes he does.* = Oui.
> *No he doesn't.* = Non.

Ici c'est une question au présent simple. L'auxiliaire de ce temps est Do/Does. Il suffit de le reprendre en *affirmatif lorsque la réponse est Oui et en négation lorsque la réponse est Non.*

> *Is he driving? Yes he is.* = Oui.
> *No he isn't.* = Non.

Ici la question est posée au présent progressif. L'auxiliaire de ce temps est To Be. Il suffit de le reprendre en *affirmatif lorsque la réponse est Oui et en négation lorsque la réponse est non.*

> *Has he got any brothers and sisters? Yes he has.* = Oui.
> *No he hasn't.* = Non.

Ici la question est posée à travers To Have got. L'auxiliaire de cette forme est To have. Il suffit de le reprendre en *affirmatif lorsque la réponse est Oui et en négation lorsque la réponse est non.*

Cette règle est *valable à tous les temps de la langue anglaise.* Il est important de noter que *seul l'auxiliaire est utilisé et repris.* **Le verbe n'est quant à lui jamais utilisé.**

Does he play tennis ? Yes he does play tennis n'est donc pas correct.

Pour la traduction de N'est-ce pas

Le mécanisme est le même à *peu de chose près.* La différence est que cette fois lorsque N'est-ce pas est affirmative on utilisera ***l'auxiliaire** du temps négatif* et lorsque le N'est-ce pas est négatif on utilisera ***l'auxiliaire à la forme affirmative.*** *L'anglais fait donc l'inverse.*

> *It is cold, isn't it?* = Il fait froid, n'est-ce pas ?

Sous-entendu oui.

> *He doesn't paly tennis very well, Does he?* = Il ne joue pas très bien au tennis, n'est-ce pas ?

Sous-entendu, ***non c'est vrai.***

30. Les pronoms personnels possessifs

En français, à *chaque personne il existe un pronom personnel* ***masculin/féminin/ pluriel***.

En anglais *les mots sont asexués* puisque ce ne sont pas *des humains*, il n'y a donc pas de ***notion de masculin/féminin***. Ils traduiront simplement le ***Singulier et le pluriel du mot***.

- My : *mon, ma , mes*
- Your : *ton, ta, tes*
- His : *son, sa, ses* avec le sujet He/il
- Her : *son, sa , ses avec* le sujet She/elle
- It : *son, sa, ses* avec objets, animaux et concept.
- Our : *nos, notre*
- Your : *vos, votre*
- Their : *leur , leurs*

Les français rencontrent *des difficultés* dans l'utilisation ***de la 3e personne du singulier*** *His/her*. Il ne faut *plus penser en français* mais aller chercher la ***correspondance anglaise.*** L'erreur commune se situe au *niveau de Son et Sa*. Le *français porte son attention* sur ***la notion féminin/masculin*** alors que l'*anglais* lui se sert ***du sujet He/she***.

Voici l'astuce :

> He *likes* his *bike and* his *racket.* = *Il* aime son vélo et sa raquette.

En anglais on traduit son/sa par His. Le sujet He impose his.

> She *likes* her *bike and* her *racket.* = *Elle* aime son vélo et sa raquette.

En anglais on traduit son/sa par Her. Le sujet She impose her.

Il suffit donc de respecter le sujet : *He*/his : son, sa, ses *She*/her : son, sa, ses.

- Mine : *le mien, la mienne, les miens/miennes*
- Yours : *le tien, la tienne, les tiens/tiennes*
- His : *le sien, la sienne, les siens/siennes*
- Hers : *le sien, la sienne, les siens/siennes*
- Its : *le sien, la sienne, les siens* pour Objets, animaux et concepts.
- Ours : *le nôtre, la nôtre, les nôtres*
- Yours : *le vôtre, la vôtre, les vôtres*
- Theirs : *le leur, la leur, les leurs*

Dans cette suite *l'anglais conserve la même logique*, il n'y a pas de notion ***de masculin et féminin.*** Seulement *le singulier et pluriel* alors que le *français* suit aussi ***sa logique en traduisant Le/la/les, masculin/féminin/pluriel***.

Exercices

1. J'ai perdu mes clés. = *I have lost .... keys.*
2. Ou es ta voiture ? = *Where is .... car?*
3. Il travaille dans son bureau. = *He is working in .... office.*
4. Ils sont au parc avec leurs chiens. = *They are at the park with .... dogs.*
5. Elle écoute son Cd. = *She is listening to .... Cd.*
6. Il lave sa voiture. = *He is washing .... car.*
7. Tu as oublié ta raquette. = *You forgot .... racket.*

Corrections

1. *I have lost my keys.* = J'ai perdu mes clés.

   Il suffit de faire attention et d'appliquer le cours. Pas de masculin, féminin en anglais donc « My » quoi qu'il arrive.

2. *Where is your car?* = Ou est ta voiture ?

   Il suffit de faire attention et d'appliquer le cours. Pas de masculin, féminin en anglais donc « Your » quoi qu'il arrive.

3. *He is working in his office.* = Il travaille dans son bureau.

   Attention avec les sujets He et She le locuteur français pense dans sa langue et tombe dans le piège. Pas de masculin, féminin en anglais. On applique le cours donc avec le sujet He/His pour (son, sa, ses). Seul le sujet compte, l'anglais ne connaît pas « Son , sa ».

4. *They are at the park with their dogs.* = Ils sont au parc avec leurs chiens.

   Il suffit de faire attention et d'appliquer le cours. Pas de masculin, féminin en anglais donc « Their » quoi qu'il arrive.

5. *She is listening to her Cd.* = Elle est en train d'écouter son CD

   Attention avec les sujets He et She le locuteur français pense dans sa langue et tombe dans le piège. Pas de masculin, féminin en anglais. On applique le cours donc avec le sujet She/Her pour (son, sa, ses). Seul le sujet compte l'anglais ne connaît pas « Son, sa ».

6. *He is washing his car.* = Il est en train de laver sa voiture.

   Attention avec les sujets He et She le locuteur français pense dans sa langue et tombe dans le piège. Pas de masculin, féminin en anglais. On applique le cours donc avec le sujet He/His pour (son , sa , ses). Seul le sujet compte, l'anglais ne connaît pas (son et sa).

7. *You forgot your racket.* = Tu as oublié ta raquette.

   Il suffit de faire attention et d'appliquer le cours. Pas de masculin, féminin en anglais donc « Your » quoi qu'il arrive.

A. Les pronoms personnels compléments

C'est un point très important *car les pronoms compléments sont très souvent confondus* avec ***les sujets et bien souvent le locuteur français ne sait pas comment les traduire*** car les traductions complètes sont rarement fournies.

- Me : *me, moi, m'*
- You *: te, toi, t'*
- Him : *le, l', lui*
- Her : *lui, la ,l, elle*
- It : *le, la pour objets, animaux et concepts*
- Us : *nous*
- You : *vous*
- Them : *les, leur, eux*

Attention ce ***ne sont des sujets ni en français, ni en anglais***. *Nous/us, Vous/You* sont *souvent confondus* avec *les* ***sujets de la langue française***.

Pour bien *comprendre cette suite et son utilisation* la ***technique*** peut être la suivante :

> *Call them.* = Appelle-« *les* ».
> *Tell them.* = Dis-« *leur* ».
> *Go with them.* = Va avec « *eux* ».

Tout comme ***les pronoms possessifs***, seule la *suite française change*. Cette façon est la plus simple pour *comprendre le fonctionnement et retenir la traduction des suites*.

B. Les pronoms réfléchis

- Myself : *moi, moi-même, me*
- Yourself : *toi, toi-même, te*
- Himself : *lui, lui-même, se*
- Herself : *elle, elle-même, se*
- Oneself : *soi, soi-même*
- Itself : *lui, lui-même* (pour objets, animaux…)
- Ourselves : *nous, nous-mêmes*
- Yourselves : *vous, vous-mêmes*
- Themselves : *eux, eux-mêmes.*

On les emploie quand l'action *de l'individu ou la personne est renvoyée à elle-même.*

> *He looked at himself in the mirror.* = Il *se* regarda dans la glace. (*Se*)
>
> *I am going to do it myself.* = Je vais le faire *moi-même.* (*Moi-même*)

Ici suite d'un *pronom personnel complément* (it/le) et *d'un réfléchi* (*myself/moi-même*).

> *Do it yourself.* = Faites-le *vous-même.*

Idem suite du ***pronom personnel complément*** (*it/le*) et *d'un réfléchi* (*yourself/ vous-même*).

Exercices

1. *Il vient avec nous.* = He ……………… (To come)
2. *Elle joue au tennis avec lui.* = She ……………… (To play)
3. *Appelle-les.* = ……………… (To call)
4. *Il regarde (en ce moment) un film avec moi.* = He ……………… (To watch) a movie ………………
5. *Il va à la piscine avec elle.* = He ……………… (To be going to) the swimming pool ………………
6. *Je cours avec eux le lundi.* = I ……………… (To run) ……………… on Mondays.
7. *Dites-nous la vérité.* = (To tell) ……………… the truth.

Corrections

1. *He is coming with us.* = **Il vient avec nous.**

   Pas de difficultés si on applique le cours. Ici « nous » n'est un sujet ni en français, ni en anglais mais bien le pronom complément « us » qui vient se placer en fin de phrases. En ce qui concerne le temps c'est bien un présent progressif.

2. *She plays tennis with him.* = **Elle joue (en général) au tennis avec lui.**

   Pas de difficultés si on applique le cours. Ici « Lui » est bien masculin c'est donc le pronom personnel complément « Him ». C'est un présent simple.

3. *Call them.* = **Appelle-les.**

   Pas de difficultés, c'est un impératif donc pas de sujet dans la phrase et on utilise le pronom complément « Them »

4. *He is watching a movie with me.* = **Il regarde (maintenant) un film avec moi.**

   Pas de difficultés si on applique le cours, le pronom personnel complément est « Me » à ne pas confondre avec le possessif « my » comme c'est très souvent le cas. Nous sommes sur un présent progressif.

5. *He is going to the swimming pool with her.* = **Il va à la piscine avec elle.**

   Pas de difficultés mais attention en français comme en anglais nous ne sommes pas sur le sujet « Elle » mais bien sur le pronom personnel complément « her ». « She » est donc impossible.

   Nous sommes sur un futur proche en « To be going to »

6. *I run with them on Mondays.* = **Je cours avec eux le lundi.**

   Pas de difficultés si l'on applique le cours, le pronom personnel complément est « Them » accompagné d'un présent simple.

7. *Tell us the truth.* = **Dites (ou dis)-nous la vérité.**

   C'est impératif donc pas de sujet dans la phrase. Attention en français comme en anglais nous ne sommes pas sur le sujet nous « we » mais bien sur le complément « Us ».

31. Much et Many

Il *existe deux catégories* de mots en anglais, les ***dénombrables et les indénombrables***.

- ***Les dénombrables*** : C'est la *catégorie de mots* que l'on peut mettre *au pluriel*, que l'on peut ***compter, donc dénombrer***.
  Ex : *Books* (des livres). Il est clair qu'il est possible de ***compter des livres.***
  2, 3, 4 books…
- ***Les indénombrables*** : C'est la catégorie des mots que l'on ne peut pas *mettre au pluriel*, qu'on ***ne peut pas compter.***
  Ex : Water (l'eau). Il est impossible ***de compter l'eau.***
  « 2, 3, 4 » waters n'existe pas… 2, 3, 4 eaux *n'est pas possible*

L'argent, « Money », ne ***peut pas être compté non plus*** tout *comme le sel (salt), le poivre (pepper), les cheveux (hair).*

Pour les compter, il faut utiliser ***des sommes (pour l'argent)*** ou ***des quantités (pour les autres exemples)***

Lorsqu'on va à la banque il *n'est pas possible de retirer 30 argents* mais ***30 Euros oui***. Il *n'est pas possible d'acheter 4 eaux…* mais ***4 bouteilles d'eau, oui***.

Voilà ce qui différencie les *mots dénombrables des indénombrables. Les indénombrables* ne peuvent pas **être pluriel** sauf si l'on passe par *des quantités ou des sommes*. (***Ce qu'on appelle dénombreurs)***.

Many et *Much* fonctionnent sur ce même mode.

A. How many/much : combien

→ How many + ***mots dénombrables*** : Combien de + ***mots***

How many books? = Combien ***de livres*** ?

→ How much + mots ***indénombrables*** : Combien de + ***mots.***

How much **money?** = Combien ***d'argent*** ?

B. Many et Much : beaucoup

→ Many + mots ***dénombrables*** : beaucoup de + **mots**

Many **books.** = Beaucoup ***de livres***.

→ Much + mots ***indénombrables*** : beaucoup de + ***mots***

Much **money.** = Beaucoup ***d'argent***.

Voici la façon *la plus simple* d'aborder **Many/much** et de le *comprendre*.

Exercices avec Many et Much (beaucoup)

1. Il y a beaucoup de sacs. = *There are* .... *bags.*
2. Il y a beaucoup de voitures. = *There are* .... *cars.*
3. Il y a beaucoup d'eau. = *There is* .... *water.*
4. Beaucoup d'amis. = ... *friends.*
5. Beaucoup de sel. = ... *salt.*

Corrections

1. *There are many bags.* = Il y a beaucoup de sacs.

   Toujours se poser la question fondamentale « Est-ce qu'on peut le compter » ou non.

   Dans ce cas de figure on peut compter des sacs 1, 2 ,3 etc.

   Donc on utilise « Many ».

2. *There are many cars.* = Il y a beaucoup de voitures.

   Toujours se poser la question fondamentale « Peut-on compter » ou non.

   Dans ce cas de figure on peut compter des voitures 1, 2 ,3 etc.

   Donc on utilise « Many ».

3. *There is much water.* = Il y a beaucoup d'eau.

   Toujours se poser la question fondamentale « Peut-on compter » ou non.

   Dans ce cas de figure on ne peut pas compter de l'eau comme expliqué dans le cours.

   Donc on utilise « Much ».

4. *Many friends.* = Beaucoup d'amis.

   Toujours se poser la question fondamentale « Peut-on compter » ou non.

   Dans ce cas de figure on peut compter 1,2,3 amis.

   Donc on utilise « Many ».

5. *Much salt.* = Beaucoup de sel.

   Toujours se poser la question fondamentale « Peut-on compter » ou non.

   Dans ce cas de figure il n'est pas possible de compter du sel. On applique le cours.

   Donc on utilise « Much ».

Exercices avec How many/much (Combien)

1. Combien de sacs ? = ... *bags?*
2. Combien de poivre ? = ... *pepper?*
3. Combien de voitures ? = ... *cars?*
4. Combien d'eau ? = ... *water?*

Corrections

1. *How many bags?* = Combien de sacs ?

   Comme expliqué dans le cours, il est possible de compter des sacs 1, 2, 3 etc.

   On utilise donc « How many » pour traduire Combien.

2. *How much pepper?* = Combien de poivre ?

   Comme expliqué dans le cours, il est impossible de compter du poivre donc on utilise « How much » pour traduire Combien.

3. *How many cars?* = Combien de voitures ?

   Comme expliqué dans le cours, il est possible de compter des voitures 1, 2, 3 voitures donc on utilise « How many » pour traduire Combien.

4. *How much water?* = Combien d'eau ?

   Comme expliqué dans le cours, il est impossible de compter de l'eau donc on utilise « How much » pour traduire Combien.

32. Le génitif

Le génitif est *une forme très courante* pour traduire la ***possession en anglais***. Il faut bien noter que le génitif *n'a pas de relation avec To have got* : *avoir de possession*. Ce ***n'est pas une forme verbale***.

On peut séparer *la possession en deux phases*.

- Phase 1 :

  The book of my mother. = Le livre de ma mère.

  The … of / le… de est une *forme simple et correcte* pour ***traduire la possession en anglais***.

- Phase 2 : *Le génitif*

  My mother's book. = Le livre de ma mère.

  Ici *la possession* est marquée par le 's

  En *première position vient le possédant* (la personne ***qui possède***) sur laquelle on *place en deuxième position* le « 's » (marque du *génitif*) et enfin vient en *troisième et dernière position le possédé* (***l'objet***)…

  → My ***mother*** 's ***book***
  1 (*possédant*) 2 3 (*le possédé*)

Voilà comment *bien appréhender cette forme*. À noter que les *deux formes sont recevables* bien que ***l'anglais ait une préférence pour le Génitif***.

Exercices

1. La voiture de julien = ……………… (au génitif).
2. Le livre de mon père = ……………… (au génitif).
3. La maison de Stephy = ……………… (au génitif).
4. Le chien de Claire = ……………… (au génitif).

Corrections

1. *Julien's car* = La voiture de julien.

   On applique la formule, en première position vient le possédant (Julien) sur lequel on ajoute la marque du génitif ('s) puis vient en troisième position le possédé (l'objet) « La voiture »

2. *My father's book* = Le livre de mon père.

   On applique la formule : en première position vient le possédant (Mon père) sur lequel on ajoute la marque du génitif ('s) puis vient en troisième position le possédé (l'objet) « le livre »

3. *Stephy's house* = La maison de Stephy.

   On applique la formule : en première position vient le possédant (Stephy) sur lequel on ajoute la marque du génitif ('s) puis vient en troisième position le possédé (l'objet) « La maison »

4. *Claire's dog* = Le chien de Claire.

   On applique la formule : en première position vient le possédant (Claire) sur lequel on ajoute la marque du génitif ('s) puis vient en troisième position le possédé (l'objet) « Le chien »

33. Comment traduire « À qui »

Tout comme les *autres points grammaticaux* la traduction de « *À qui* » respecte ***une formule***.

A. « À qui » au singulier

Whose bike is this? = À qui est ce vélo ?

Whose traduit « À qui » puis vient l'objet, l'auxiliaire être au singulier et l'article au singulier.

→ Whose + *Objet* + *To be (is)* + *article au singulier*

Whose bike is this?
It's my father's bike. = C'est le vélo de mon père.

On emploie le génitif.

B. « À qui » au pluriel

→ Whose + objets (pluriel) + *To Be (are)* + *article au pluriel*

Whose bikes are these? = À qui sont ces vélos ?
They are my father's bikes. = Ce sont les vélos de mon père.

It au *singulier est remplacé* par ***They*** au *pluriel,* sujet à la *3e personne du singulier* puis à la *3e personne du pluriel*. L'auxiliaire *To Be* passe de ***Is*** *au singulier* à ***Are*** au *pluriel.*

It is = C'est.
They are = Ce sont.

L'article quant à lui suit la même logique *This (ce)* devenant *these (ces)* son *pluriel.*

Rappel :

- This *: ce, cet*
- These : *ces*

Exercices

1. À qui est cette voiture ? = *Whose ....?*
2. À qui sont ces livres ? = *Whose ....?*
3. À qui sont ces téléphones ? = *Whose ....?*
4. À qui est cette raquette ? = *Whose ....?*

Corrections

1. *Whose car is this?* = À qui est cette voiture ?

   Pas de difficultés, c'est un singulier on applique donc la formule du cours.

   → Whose (À qui) + objet (singulier) + To Be (is) + this

2. *Whose books are they?* = À qui sont ces livres ?

   Pas de difficultés, c'est un pluriel on applique donc la formule du cours.

   → Whose (À qui) + objet (pluriel) + To Be (are) + they

3. *Whose telephones are they?* = À qui sont ces téléphones ?

   Pas de difficultés, c'est un pluriel on applique donc la formule du cours.

   → Whose (À qui) + objet (pluriel) + To Be (are) + they

4. *Whose racket is this?* = À qui est cette raquette ?

   Pas de difficultés, c'est un singulier on applique donc la formule du cours.

   → Whose (À qui) + objet (singulier) + To Be (is) + this

34. Le gérondif

Le gérondif est une forme *très utilisée dans la langue anglaise* et pourtant ***peu ou mal comprise*** par le *locuteur français*.

Le gérondif se forme **à *partir d'un verbe à l'infinitif*** ayant comme terminaison « ***Ing*** ».

Pourtant, bien qu'étant terminée par « ***Ing*** » il n'y a aucune *valeur progressive* apportée au verbe.

On a pour habitude d'associer « ***Ing*** » à un temps progressif tel le présent ou le preterit progressif se formant à partir de la formule *To Be* + verbe en ***Ing*** : *être* ***en train de***.

Une constante chez les professeurs *d'anglais est d'associer*, sûrement sans rendre compte, « ***Ing*** » à *l'aspect progressif*.

Il est d'ailleurs *fréquent d'entendre ou de lire dans les manuels scolaires* « Le présent en ***Ing*** ». Le problème est que le « présent en « ***Ing*** » n'existe pas, ce *n'est pas un temps*.

En revanche le présent en *To Be* + **verbe en « *Ing* »** *existe bien*. C'est le présent progressif.

He *playing*… (qui suit la logique de l'appellation « présent en ***Ing*** ») n'a ***aucun sens puisqu'il n'existe pas***.

He *is* pla***ying*** : Il ***est en train de*** jouer… a quant à lui *un sens*. C'est le présent progressif.

Rappelons que pour « ***en train de*** » il faut « *être* » donc « *être* ***en train de*** » est égal à *To Be* + ***verbe en Ing***.

Cette parenthèse est loin d'être anodine car la faute est très fréquente.

Le gérondif n'est donc pas *un temps bien qu'il se forme à partir d'un verbe en* « ***Ing*** ». Le gérondif a *quatre fonctions*

A. Il transforme un verbe en adjectif

To interest = Intéresser.
Interesting = Intéressant.

To amuse = Amuser.
Amusing = Amusant.

B. Il suit un verbe déjà conjugué en remplaçant l'infinitif

Puisque ***deux verbes conjugués ne peuvent se suivre.***

> *He likes* to eat *ice-creams.* = Il aime *manger* des glaces.

Verbe conjugué (likes) suivi *d'un infinitif* (*To eat*).

> *He likes* eating *ice-creams.* = Il aime *manger* des glaces.

Verbe conjugué (likes) et second *verbe à l'infinitif* remplacé par Ing (*eating*).

Dans cet exemple on *peut se demander quel est l'intérêt d'utiliser le gérondif* puisque les *deux phrases* ont le **même sens**… Cela est dû au fait que *Manger* ***n'est pas une activité mais un besoin.*** « ***la mange*** » n'existe pas. « ***La marche*** » oui, c'est ***bien une activité.***

Le point C viendra illustrer ce propos.

Donc dans le cas particulier de « ***Manger, Boire, dormir*** » qui sont des ***besoins physiologiques*** et *non pas des activités* le *verbe reste à* ***l'infinitif*** et nous sommes dans la « *figure de style* »

C. Il transforme un verbe en activité

> *To swim* = Nager.
> ***Swimming*** = **La natation.**

> To walk = *Marcher.*
> ***Walking*** = **La marche.**

> *He likes* to walk = Il aime *marcher.*

> *He likes* **walking** = Il aime ***la marche.***

Ici cela *prend tout son sens.* Dans l'exemple *B* ce n'est qu'une *forme stylistique* permettant de *remplacer le verbe à l'infinitif* par « ***Ing*** » puisque *To eat* (*manger*) n'est *pas une activité* mais **un besoin.**

Nous sommes donc d'accord pour dire que « *la mange* » n'existe pas, *ce n'est pas une activité…La marche…* ***oui.***

D. Introduction d'une phrase

Le gérondif sert également *à introduire une phrase* en remplaçant ***le verbe à l'infinitif***.

> *Walking is good for health* = ***Marcher/La marche*** est bon(ne) pour la santé.
>
> *Seeing the situation…* = ***Vu*** la situation…

Attention.

Nous avons vu que les *verbes pouvaient être classés en différents groupes* tels les ***verbes d'actions, de perceptions, d'états*** (verbe ne pouvant supporter ***l'aspect progressif***).

C'est le cas du ***verbe d'État*** « *To know/Savoir,connaître* ». Ce verbe ne peut supporter le *To Be* + ***Ing*** car il ne peut pas *être en progression*, « **on sait ou on ne sait pas** », mais on *ne peut être en aucun cas* « ***être en train*** » de ***Savoir*** car dans ce cas-là on « ***Apprend*** ».

Apprendre est bien un ***verbe d'action***. (***être en train d'apprendre***).

Pourtant ce verbe existe avec le gérondif puisque nous avons compris *à présent que ce dernier n'avait rien en commun avec* ***l'aspect progressif***.

Donc « knowing » seul est possible. Il signifie « ***sachant*** »…

> *Knowing the situation…* = ***Sachant/connaissant*** la situation… est tout à fait recevable.

Exercices

1. *Stupéfiant* = ... (To amaze)
2. *Il aime nager (la natation)* = He .... (To like)
3. *Aspirant à* = ... (To aspire)
4. *Courir est une bonne idée* = ... (To run) is a good idea.
5. *Il apprécie la marche* = He .... (To enjoy)

Corrections

1. *Amazing* = Stupéfiant.

   Pas de difficultés, on passe du verbe à l'infinitif à un adjectif (gérondif) terminaison en « Ing ».

   Attention ce n'est pas un progressif.

2. *He likes swimming.* = **Il aime nager.**

   Pas de difficultés, le 1er verbe (To like) est conjugué « présent simple » le second se transforme en activité (La natation) grâce au gérondif (terminaison en Ing).

3. *Aspiring* = Aspirant à.

   Pas de difficultés, on passe du verbe à l'infinitif à un adjectif, terminaison en « Ing ». Attention ce n'est pas un adjectif.

4. ***Running is a good idea.*** = **Courir (la course à pied) est une bonne idée.**

   Pas de difficultés, c'est une phrase du type Slogan, le verbe en début n'est pas à l'infinitif mais au gérondif (terminaison en Ing) puisqu'on parle bien de l'activité.

5. ***He enjoys walking.*** = **Il apprécie la marche.**

   Pas de difficultés, le 1er verbe (To enjoy) est conjugué « présent simple » le second (To walk) est au gérondif (terminaison en Ing) puisqu'on parle de l'activité (la marche).

35. Les comparatifs

Il existe en anglais deux types d'adjectifs :

- Les courts : jusqu'à *2 syllabes.*

  Tall.

- Les longs : à partir de *3 syllabes*

  Beautiful 3 syllabes.

Il n'existe que *deux types de comparaison.*

- Soit ***on compare deux éléments ensemble.***

  La voiture du voisin et *la mienne.*

- Soit ***on compare un élément et un ensemble***, c'est-à-dire *une classe.*

  Ma voiture et *toutes les voitures de la rue*, l'ensemble des voitures de ma rue.

A. Avec les adjectifs courts

On compare deux éléments ensemble

→ **Formule** : « adj + er + than » : plus…que

He is taller than me. = Il est plus grand que moi.

On compare bien *2 éléments ensemble.*

En anglais « er/plus » vient se mettre à la *fin de l'adjectif comme indiqué dans la formule.*

On compare un élément et son ensemble

→ **Formule** : The + adj + est + In/of : Le… plus…de

He is the tallest boy in the class. = C'est le garçon le plus grand de la classe.

On compare *bien 1 élément et un ensemble.*

En anglais « Est/plus » vient *se mettre à la fin de l'adjectif comme indiqué dans la formule.*

Il est important de remarquer que lorsque le français commence par « ***C'***est le garçon » l'anglais reste sur le sujet humain « ***he/il*** » ***He*** is…

« ***It/C'*** » est impossible *en anglais* pour parler ***d'un humain à la troisième personne.***

Donc :

C'est le plus grand…en français / ***Il*** est le plus grand… en anglais.

It *is* the tallest boy…est donc *impossible en anglais* (***puisqu'on parle d'un humain***) même si nous passons *en français* par ***C***'est…

B. Avec les adjectifs longs

On compare deux éléments ensemble

→ Formule : More + *adjectif* + than : plus… « *adjectif* » … que

He is more intelligent *than you.* = Il est plus *intelligent* que toi.

On compare *bien 2 éléments ensemble.*

On compare un élément et un ensemble

→ Formule : The + most + *adjective* + in/of : Le… plus « adjectif »…de

He is the most intelligent *boy in the class.* = C'est le garçon le plus *intelligent* de la classe.

On compare *bien 1 élément et 1 ensemble.*

Comment utiliser ***In ou Of*** lorsqu'on *compare un élément et son ensemble.* On utilisera ***In*** pour *la comparaison à l'intérieur d'un groupe ou d'un lieu.*

He is the tallest boy **in** *the class.* = C'est le garçon le plus grand ***de*** *la* classe.

Ici on ***compare à un groupe***.

He is the best writter **of** *the year.* = C'est le meilleur écrivain ***de*** l'année.

« *De l'année* » ***n'est ni un lieu ni un groupe (humain)***.

Résumé

Afin d'être ***plus synthétique on peut résumer les deux modes de comparaison*** à l'aide des *formules suivantes* :

Adjectif court

- *2 éléments* : « adj + Er + than » Plus que
- *1 élément et un ensemble* : « The + adject + Est + Of/in » Le plus de

o Adjectif long

- *2 éléments* : « More adject + than » Plus.que
- *1 élément et un ensemble* : « The + Most + adject + Of/in » Le… plus… de

C. Autres éléments de comparaison

- More : *Plus*
- Less : *moins*
- Less than : *moins que*
- Little + mot singulier : *Peu de…*
- The least of : *le moins de*
- Better : *meilleur/mieux*
- Better than : *meilleur/mieux que*
- The best of : *Le meilleur/mieux de*
- Worse : *pire*
- Worse than : *pire que*
- The worst of : *le pire de*
- Few : *moins*
- Fewer : *moins de*
- The fewest of/in : *le moins de*
- Far : *loin*
- Farther : *plus loin*
- The farthest : *le plus loin*
- Further : *plus* (ex : plus amples informations).
- As + soon + as : *Aussitôt que, Dès que*
- As + adjectif + as : *Aussi…que* (peu importe l'adjectif)
- As tall as : *aussi grand que…*

Pour la négation on utilisera la formule :

→ Auxiliaire du temps + not + as + adjectif + as

He is not as tall as his brother. = Il n'est pas aussi grand que son frère.

Exercices

1. *He (Fast) .... me.* = Il est plus rapide que moi.
2. *He (fast) .... boy in the team.* = C'est le garçon le plus rapide de l'équipe.
3. *She .... (intelligent) him.* = Elle est plus intelligente que lui.
4. *She .... (intelligent) girl in the group.* = C'est la fille la plus intelligente du groupe.
5. *They .... (tall) us.* = Ils sont plus grands que nous.
6. *It .... (incredible) story.* = C'est la plus incroyable histoire.
7. *He .... (interesting) of my friends.* = C'est le plus intéressant de mes amis.

Corrections

1. *He is faster than me.* = Il est plus rapide que moi.

   Est-ce un adjectif court ou long, est-ce qu'on compare deux éléments ensemble ou un élément et son ensemble ?

   C'est un adjectif court et on compare deux éléments ensemble (Plus…que). C'est donc Adjectif + er + than.

2. *He is the fastest boy in the team.* = C'est le garçon le plus rapide de l'équipe.

   Est-ce un adjectif court ou long ? Compare-t-on deux éléments ensemble ou un élément et son ensemble ?

   C'est un court et on compare un élément et son ensemble (Le plus de). C'est donc Adjectif + est + In/of.

3. *She is more intelligent than him.* = Elle est plus intelligente que lui.

   Est-ce un adjectif court ou long ? est-ce qu'on compare deux éléments ensemble ou un élément et son ensemble ?

   C'est un adjectif long et on compare deux éléments ensemble (Plus… que). C'est donc More + adjectif + than.

4. *She is the most intelligent girl in the group.* = C'est la fille la plus intelligente du groupe.

   Est-ce un adjectif court ou long ? Est-ce qu'on compare deux éléments ensemble ou un élément et son ensemble ?

   C'est un adjectif long et on compare un élément et son ensemble (La plus de).

   C'est donc The most + adjectif + in/of.

5. *They are taller than us.* = **Ils sont plus grands que nous.**

   Est-ce un adjectif court ou long ? Est-ce qu'on compare deux éléments ensemble ou un élément et son ensemble ?

   C'est un adjectif court et on compare deux éléments ensemble (Plus… que).

   C'est donc Adjectif + er + than.

6. *It is the most incredible story.* = **C'est l'histoire la plus incroyable.**

   Est-ce un adjectif court ou long ? Est-ce qu'on compare deux éléments ensemble ou un élément et son ensemble ?

   C'est un adjectif long et on compare un élément et son ensemble (Le plus de).

   C'est donc The + most + adjectif + in/of.

7. *He is the most interesting of my friends.* = **C'est le plus intéressant de mes amis.**

   Est-ce un adjectif court ou un long ? est-ce qu'on compare deux éléments ensemble ou un élément et son ensemble ?

   C'est un adjectif long et on compare un élément et son ensemble (Le plus de).

   C'est donc The + most + adjectif + in/of.

36. To agree

A. « Être d'accord »

La traduction courante de ce verbe est « ***être d'accord*** ». Les français utilisant ce verbe rencontrent *le problème suivant* : La traduction de l'*auxiliaire* ***être*** alors qu'il n'apparaît pas *dans la forme anglaise*.

On utilise bien le verbe ***To Agree*** et non pas le verbe *To Be Agree*. Cette erreur *est due au fait que le Français pense dans sa propre langue et non pas en anglais*.

On trouve donc fréquemment :

I *am agree*, qui est erroné puisque *To Be* (être) n'est pas *présent en anglais dans la forme* même si l'on traduit par « ***être d'accord*** » en français.

> *To Agree* = ***être d'accord****.*

On retrouve *donc tout naturellement* cette faute dans la *question*.

Are you agree ? ***Es***-tu d'accord ? *est impossible puisque l'auxiliaire être* (To Be) n'est pas présent dans la *formule anglaise*.

Il faut donc pour poser la question *respecter la formule* :

> → ***Auxiliaire (du temps) + sujet + verbe***

En l'occurrence, au présent, il faut utiliser ***Do***.

> **Do** *you agree?* = **Est-ce que** tu *es d'accord* ?

Et non pas ***Are you agree*** qui est *impossible pour les raisons détaillées ci-dessus*.

Il en sera de même à tous les temps. Pour poser *la question* il faudra utiliser l'***auxiliaire*** correspondant au *temps et ainsi éviter le piège*.

Ex : Est-ce qu'il était d'accord ?

Question à l'imparfait donc au preterit. L'auxiliaire du preterit est Did.

> *Did he* agree? = Est-ce qu'il était *d'accord* ?
> Est donc la forme correcte.

Formule négation

C'est la même *logique, la règle est identique à la question*. Il faudra utiliser l'« ***auxiliaire du temps + not*** ».

→ Sujet + ***auxiliaire (du temps)*** + ***not*** + *agree*

▪ *I* + **don't** + agree = Je ***ne*** *suis* ***pas*** *d'accord.*

« ***I am not agree*** » est donc *totalement faux* puisque *To Be* n'apparaît pas ***dans To Agree***.

B. Autre variante de To agree

Ici To Agree signifiera « ***être d'accord*** » mais dans le sens « *Accepter de* ».

▪ *I agree to lend you my car.* = J'accepte de te prêter ma voiture.

To Agree se traduit donc par « ***Accepter*** » dans ce cas précis.

Pour poser *une question la règle reste la même*. On utilisera ***l'auxiliaire*** qui *convient au temps.*

▪ *Do you agree to lend me your car?* = Est-ce que tu acceptes de me prêter ta voiture ?

Question posée au présent simple donc avec *l'auxiliaire « Do »*.

Exercices

Affirmation

1. *She .... (To agree) with them.* = Elle est d'accord avec eux.
2. *They .... (To agree) to call him.* = Ils sont d'accord pour l'appeler.
3. *You .... (To agree) to come with us.* = Tu acceptes de venir avec nous.
4. *I .... (To agree) to tell you the truth.* = J'accepte de te dire la vérité.

Question

1. .... *she .... (To agree) with them?* = Est-ce qu'elle est d'accord avec eux ?
2. .... *they .... (To agree) to call him?* = Est-ce qu'ils sont d'accord pour l'appeler ?
3. .... *you .... (To agree) to come with us?* = Est-ce que tu es acceptes de venir avec nous ?

Négation

1. *She .... (To agree) with them.* = **Elle n'est pas d'accord avec eux.**
2. *They .... (To agree) to call him.* = **Il n'accepte pas de l'appeler.**

Corrections

Affirmation

1. *She agrees with them.* = **Elle est d'accord avec eux.**

   Attention, ne pas chercher à traduire être (To Be) puisqu'il n'existe pas dans la forme anglaise. To Agree est conjugué comme un présent simple donc « s » à la troisième personne.

   Ne pas penser en français.

2. *They agree to call them.* = **Ils sont d'accord pour les appeler.**

   Attention, ne pas chercher à traduire être (To Be) puisqu'il n'existe pas dans la forme anglaise. To Agree est conjugué comme un présent simple.

   Ne pas penser en français.

3. *You agree to come with us.* = **Tu acceptes de venir avec nous.**

   Attention, ne pas chercher à traduire être (To Be) puisqu'il n'existe pas dans la forme anglaise. To Agree est conjugué comme un présent simple.

   Ne pas penser en français.

4. *I agree to tell you the truth.* = **J'accepte de te dire la vérité.**

   Attention, ne pas chercher à traduire être (To Be) puisqu'il n'existe pas dans la forme anglaise. To Agree est conjugué comme un présent simple.

   Ne pas penser en français.

Question

1. *Does she agree with them?* = **Est-ce qu'elle est d'accord avec eux ?**

   C'est une question. Attention l'auxiliaire n'est pas To Be (être) puisqu'il n'existe pas dans la forme anglaise. On utilise l'auxiliaire du temps, ici c'est le présent simple. On applique la formule de la question.

   Auxiliaire (Does) + sujet + verbe à l'infinitif. À la troisième personne du singulier (Does).

   Ne pas penser en français.

2. *Do they agree to call you?* = **Est-ce qu'ils sont d'accord pour t'appeler ?**

   C'est une question. Attention l'auxiliaire n'est pas To Be (être) puisqu'il n'existe pas dans la forme anglaise.

   On utilise l'auxiliaire du temps, ici c'est le présent simple. On applique la formule de la question.

   Auxiliaire (Do) + sujet + verbe à l'infinitif. Ne pas penser en français.

3. *Do you agree to come with us?* = **Est-ce que tu acceptes de venir avec nous ?**

   C'est une question. Attention l'auxiliaire n'est pas To Be (être) puisqu'il n'existe pas dans la formule anglaise.

   On utilise l'auxiliaire du temps, ici c'est le présent simple. On applique la formule de la question.

   Auxiliaire (Do) + sujet + verbe à l'infinitif sans To.

Négation

1. *She doesn't agree with them.* = **Elle n'est pas d'accord avec eux.**

   C'est une négation. Attention l'auxiliaire n'est pas (To Be) être puisqu'il n'existe pas dans la forme anglaise. C'est donc auxiliaire du temps + not.

   On applique la formule : sujet + auxiliaire (does) + Not + verbe à l'infinitif.

   À la troisième personne du singulier au présent simple (does).

   Ne pas penser en français.

2. *They don't agree to call him.* = **Ils n'acceptent pas de l'appeler.**

   C'est une négation. Attention l'auxiliaire n'est pas (To be) être puisqu'il n'existe pas dans la formule anglaise.

   C'est donc auxiliaire du temps + not.

   On applique la formule : sujet + auxiliaire (Do) + not + verbe à l'infinitif.

   Ne pas penser en français.

37. As et Like/Also et So

A. As et Like : comme

Ils ont le même sens, on *les traduit par* « ***comme*** » en français. Leur distinction se *fait par leur place au sein de la phrase.*

→ As + ***sujet*** + ***verbe***

He is a doctor, « *as* » his father was. = C'est un docteur, comme *l'était son père.*

À noter que l'expression « ***Comme vous voulez*** » se traduit par « ***As you like*** » en anglais.

→ Like + *nom seul ou pronom personnel complément*

Like him = Comme lui.
My sister is not like me. = Ma sœur n'est pas comme *moi.*

B. So et Also

➠ **So = aussi, donc, alors**

On trouvera « So » généralement en ***début de phrase ou juste après une virgule***.

So, I was right. = Alors/donc, *j'avais raison.*
I didn't know what to do, so I went to bed. = Je ne savais pas quoi faire alors/donc *je suis allé me coucher.*

➠ **Also = aussi, également**

Il se place quant à lui à ***côté du verbe***.

I like tennis, I also like *football.* = J'aime le tennis, j'*aime* aussi le football.
She speaks English and she can also read *Spanish.* = Elle parle anglais et elle sait aussi *lire* l'Espagnol.

Exercices avec As et Like

1. *He plays tennis every week,* .... *you do.* = Il joue tennis toutes les semaines, comme toi.
2. .... *my neighbour's brother.* = Comme le frère de mon voisin.
3. *He didn't answer,* .... *he was driving.* = Comme il conduisait, il n'a pas répondu.
4. .... *her* = Comme elle.

Corrections

1. *He plays tennis every week, as you do.* = Il joue au tennis toutes les semaines, comme toi.

   Pas de difficultés, il suffit de faire attention et d'appliquer le cours. La formule est bien As + sujet (you) + verbe (To do).
2. *Like my neighbour's car.* = Comme la voiture de mon voisin.

   Pas de difficultés, il suffit d'appliquer le cours. Like + pronom (My ...).
3. *He didn't answer, as he was driving.* = Il n'a pas répondu comme il conduisait.

   Pas de difficultés, il suffit d'appliquer le cours. As + sujet (he) + verbe (To drive).
4. *Like her.* = Comme elle.

   Pas de difficultés, il suffit d'appliquer le cours. Like + pronom personnel (her).

Exercices avec So et also

1. .... *you like drama.* = Donc tu aimes le théâtre.
2. *She* .... *speak spanish.* = Elle parle aussi l'Espagnol.
3. *It was cold,* .... *he stayed at home.* = Il faisait froid donc il est resté chez lui.
4. *She can swim very well, she can* .... *run very fast.* = Elle sait très bien nager, elle peut aussi courir très vite/

Corrections

1. *So you like drama.* = **Ainsi tu aimes le théâtre.**

   Pas de difficultés, on applique le cours. « So » en début de phrase.

2. *She also speaks spanish.* = **Elle parle aussi l'Espagnol.**

   Pas de difficultés, on applique le cours. Also se place à côté d'un verbe.

3. *It was very cold, so he stayed at home.* = **Il faisait très froid, donc il resté à la maison.**

   Pas de difficultés, on applique le cours. « So » après virgule.

4. *She can swim very well, she can also run very fast.* = **Elle sait très bien nager, elle peut aussi courir très vite.**

   Pas de difficultés, on applique le cours. « Also » se place à côté du verbe.

38. Comment traduire « encore »

En français, il *est possible* d'utiliser « ***Encore*** » dans la *traduction de sens différents comme la* ***répétition ou la notion de continuité*** *(****encore*** *dans le sens de t****oujours****).*

Pour ce faire le *français utilisera le même mot* tandis que ***l'anglais aura plusieurs possibilités selon le sens voulu.***

A. Again

En anglais « Again/encore » traduit la *notion de répétition dans son sens habituel.*

> *He is going to win again.* = Il va encore gagner.

Ici nous comprenons « ***Encore*** » *dans le sens répétitif de l'action.*

B. Still

En anglais « Still/encore » traduit la *notion de continuité* et non plus *l'aspect répétitif de l'action* comme avec « ***Again*** ».

En français nous serons tentés de traduire « Still » par Encore/toujours… mais dans le sens de ***Toujours/continuité.***

> *He is still ill.* = Il est toujours/encore malade.

Ça ne s'est pas arrangé***, l'action continue.***

En revanche :

> *Bad luck… he is* ill *again.* = Mince… il est encore *malade.*

Dans ce cas on comprend ***immédiatement l'aspect répétitif de l'action***… Il est à nouveau malade… L'anglais passera dans ce cas par « ***Again*** ».

Still peut être accompagné *d'un verbe conjugué au sens progressif.*

> *He* is *still playing tennis.* = Il *est* encore *en train de jouer* au tennis.

Dans le sens (***toujours)*** de la *continuité, ce n'est pas terminé.*

C. Yet

Le dernier sens de « ***encore*** » en anglais sera traduit par « Yet » ***notion de bilan.*** Son équivalent français est « *Déjà/encore* » (***encore dans le sens de déjà***)

> *I haven't met him yet.* = Je ne l'ai pas encore rencontré.

La ***notion de bilan prend tout son sens***, d'ailleurs, on remarque l'utilisation du present perfect en anglais, temps *du bilan au passé composé.*

Ici Yet : « ***encore/déjà*** » sera utilisé en général *pour évoquer « déjà » dans son aspect négatif*, car on est dans *l'expectative… et on peut répondre par* « Non ».

Already : « ***déjà*** » traduira lui ***l'aspect positif***, en général dans *une phrase affirmative.*

> *I have already met him* = Je l'ai déjà rencontré.

Attention Yet peut aussi traduire « ***pourtant*** » en anglais lorsqu'il est *placé en début de phrase, juste avant une virgule.*

> *Yet, I thought it was true.* = Pourtant, je pensais que c'était vrai.

Exercices

1. Il l'a encore fait. = *He did it* ....
2. Il t'appellera encore. = *He will call you* ....
3. Il joue encore au tennis. = *He is* .... *playing tennis.*
4. Il n'est pas encore arrivé. = *He hasn't arrived* ....
5. Il était encore (toujours) malade. = *He was* .... *ill.*

Corrections

1. *He did dit again.* = Il l'a encore fait.

   Pas de difficultés, aspect répétitif de l'action donc « again ».
2. *He will call you again.* = Il t'appellera encore.

   Pas de difficultés, aspect répétitif de l'action donc « Again ».
3. *He is still playing tennis.* = Il joue encore (toujours) au tennis.

   Pas de difficultés, aspect progressif de l'action, toujours en cours donc « Still ».
4. *He hasn't arrived yet.* = Il n'est pas encore arrivé.

   Pas de difficultés, c'est le bilan d'un événement donc « Yet » encore dans le sens déjà.
5. *He was still ill.* = Il était toujours malade.

   Pas de difficultés, l'action est en cours donc « Still », encore dans le sens (Toujours), ce n'est pas terminé.

39. Les pronoms relatifs Who/Which et That

Pour parler simplement, *le pronom relatif* est un mot que *nous appellerons* « ***mot de liaison*** » servant à *articuler ou relier deux moitiés de phrases ensemble*. La *terminologie correcte serait* deux « ***Propositions*** » ensemble, une relative et une subordonnée...

> La voiture que tu as acheté.
> L'homme qui est venu hier.

Ici ***les relatifs*** sont « Que et qui ».

En anglais ils seront traduits de la façon suivante.

A. « Qui »

« Qui » se traduit généralement par Who et Which. Who est ***utilisé pour parler d'un humain***.

> **The man** *who bought my motorbike.* = ***L'homme*** qui a acheté ma moto.

Quand à Which, il est utilisé ***pour parler d'une chose***.

> **An idea** *which changed the world.* = ***Une idée*** qui a changé le monde.

Donc :

→ Who : « Qui » ***avec Humain***
Which : « Qui » ***avec choses ou objets***

À noter que *l'anglais courant* on utilisera *très facilement* « That » pour traduire « Qui » à la place de Who et de Which.

> *The boy that bought my motorbike.* = Le garçon qui a acheté ma moto.
> *A product that is expensive.* = Un produit qui est cher.

Ceci est donc *courant en anglais* mais il est ***conseillé d'utiliser Who/Which de façon générale***.

Pour which (qui) après ***Everything, nothing, something, only, all et les superlatifs***... l'anglais passera *plus naturellement* par That.

> **Everything** *that interests me.* = ***Tout ce*** qui m'intéresse.

L'important *étant tout de même de se rappeler* de Who/Which *traduisant* « Qui » pour les « **humains et les objets** ».

« That » reste un *cas particulier non obligatoire*.

B. « Que »

« Que » se traduit par Whom ***pour parler des humains*** mais il n'est plus *très utilisé dans la langue courante*. L'anglais *utilisera plus volontiers* Who.

> *The boy who(m) I met yesterday.* = Le garçon que j'ai rencontré hier.

Quand à Which, il traduira « Que » lorsque l'on évoque ***des Objets/aliments/ concept*** ect…

> *The meat which I bought this morning.* = La viande que j'ai acheté ce matin.

Tout comme avec « Which/qui » l'anglais *utilisera plus naturellement* « That » pour « Which/que » après ***Everything, Nothing, Anything…***

> *You can take anything that you want.* = Tu peux prendre tout ce que tu veux.

C. « Ce que » et « ce qui » se traduira en général par « What »

> *He knows what he wants.* = Il sait ce qu'il veut.
> *What he said pleased me.* = Ce qu'il a dit m'a fait plaisir.

À noter qu'ici « What » ***n'est pas un déclencheur de question*** mais *un relatif*. Ne pas confondre « ***Qu'/quel*** » déclencheur de question et « *Ce qu'/ce qui* »

> What *is he doing?* = *Qu*'est ce qu'il est en train de faire ?
> **(Déclencheur de question)**

D. Traduire « dont »

Lorsqu'il est comparé *à **un adjectif possessif*** on le traduit en anglais par « Whose ».

> **My** *friend whose son is a football player.* = ***Mon*** ami dont le fils est joueur de football.

Lorsque « Dont » n'a pas ***de sens possessif*** il est traduit par Whom/Which.

> *The girl whom I am in love with.* = La fille dont je suis amoureux.

Pour ***les objets et tout ce qui n'est pas humain l'anglais*** utilise Which.

Exercices

1. *The girl .... wrote to you.* = La fille qui t'a écrit.
2. *The car .... I love so much.* = La voiture que j'aime tant.
3. *The man .... invented electricity.* = L'homme qui a inventé l'électricité.
4. *The motorbike .... I would like to buy.* = La moto que j'aimerais acheter.
5. *The movie .... changed my life.* = Le film qui a changé ma vie.

Corrections

1. *The girl who wrote to you.* = La fille qui t'a écrit.

   Est-ce un humain ou un objet, cherche-t-on à traduire « Qui ou Que ». C'est un humain et on traduit (qui) on utilise donc « Who » ou « That ».

2. *The car which I love so much.* = La voiture que j'aime tant.

   Est-ce un humain ou un objet, cherche-t-on à traduire « Qui ou que ». C'est un objet et on traduit « Que » on utilise donc « Which » ou That.

3. *The man who invented electricity.* = L'homme qui a inventé l'électricité.

   Est-ce un humain ou un objet ? Cherche-t-on à traduire « Qui ou Que » ?

   C'est un humain et on traduit (qui) on utilise donc « Who » ou « That ».

4. *The motorbike which I would like to buy.* = La moto que j'aimerais acheter.

   Est-ce un humain ou un objet ? Cherche-t-on à traduire « Qui ou que » ?

   C'est un objet et on traduit (Que) c'est donc « Which » ou « That ».

5. *The movie which changed my life.* = Le film qui a changé ma vie.

   Est-ce un humain ou un objet ? Cherche-t-on à traduire « Qui ou que » ?

   C'est un événement et on traduit (Qui) c'est donc « Which ») ou « That ».

Exercices avec « Dont »

1. *My neighbour .... daughter is very good at maths.* = Mon voisin dont la fille est très bonne en maths.
2. *The car .... I talked to you.* = La voiture dont je t'ai parlé.
3. *The boy .... I talked to you.* = Le garçon dont je t'ai parlé.

Corrections

1. *My neighbour whose daughter is very good at maths.* = Mon voisin dont la fille est très bonne en maths.

   Ici « Dont » a un rôle de possessif, (c'est sa fille) donc on utilise « Whose ».
2. *The car which I talked to you.* = La voiture dont je t'ai parlé.

   On souhaite traduire « Dont » mais avec un objet donc on utilise « Which ».
3. *The boy whom I talked to you.* = Le garçon dont je t'ai parlé.

   Ici « Dont » n'a pas de sens possessif et on l'utilise pour un humain.

40. The : le/les... classe et extraction de classe

En français nous utilisons « Le » pour *traduire quelque chose que l'on évoque dans son ensemble.*

> Il aime le thé (*en général*)

Tout comme *pour exprimer quelque chose de particulier.*

> Le thé qui est sur la table (***un thé particulier***).

Cela *ne sera pas possible en anglais* car ce dernier fera ***la différence entre un ensemble*** (***qu'on appelle Classe***) et *un élément en particulier de ce même ensemble (ce qu'on appelle extraction de classe).*

> *He likes tea.* = Il aime le thé.

L'anglais évoque *le thé* dans son ***aspect général***. Il est donc question ***de la classe du Thé.*** L'utilisation de « The » pour traduire « Le » n'est donc pas *possible dans ce cas.*

> *The tea which is on the table.* = Le thé qui est sur la table.

Parmi tous *les thés possibles et imaginables* (donc ***le thé en général « classe »***) ici l'anglais *évoque un thé bien particulier*, celui qui *est sur la table*. Il y a *donc extraction de classe afin d'isoler un thé particulier. L'anglais utilisera « The ».*

Autre exemple :

> *Cats like milk.* = *Les* chats aiment le lait.

Ici c'est ***une vérité générale***, on parle de ***l'ensemble des chats. (pas d'article The)***.

> *The cats in the garden.* = *Les chats dans le jardin.*

Ici on évoque des chats particuliers, ceux du jardin. (*on utilise l'article the*).

Règle pour la traduction des nationalités.

Avec les terminaisons en *Ch, Sh, Ese*, l'anglais utilisera « The » pour parler *de l'ensemble de cette nationalité.*

> *The French* = Les français.
> *The Spanish* = Les Espagnols.
> *The* Japenese = Les Japonais.

Tous ***évoqués dans leur ensemble***. On remarque qu'en anglais la terminaison *ne prend pas de pluriel dans ce cas-là contrairement au français.*

Avec *toutes les autres terminaisons* l'utilisation de l'article « The » pour traduire « Les » ***sera impossible***.

> *Italians* = *Les* Italiens.
> *Americans* = *Les* Américains.
> *Etc.*

Tous *évoqués dans leur ensemble*. Par contre dans *ce cas la terminaison est bien plurielle*.

En revanche *c'est un cas particulier* lorsque l'on ne parle pas ***d'un ensemble mais d'une extraction de la classe***.

> *The Americans in the bus over there.* = Les Américains dans le bus là-bas.

On peut utiliser l'article « The » car on ne parle plus ici *des américains dans leur ensemble mais bien ceux du bus*. Il y a ***extraction malgré la règle initiale***.

Exercices

1. .... *English is difficult.* = L'anglais est une langue difficile.
2. *I Like* .... *red wine.* = J'aime le vin rouge.
3. .... *salt that is on the table.* = Le sel qui est sur la table.
4. .... *Americans play baseball.* = Les Américains jouent au base ball.
5. .... *English drive on the left.* = Les Anglais conduisent à gauche.
6. .... *wine which is in the fridge.* = Le vin qui est dans le frigo.
7. .... *dogs are running in the garden.* = Les chiens courent dans le jardin.

Corrections

1. *English is difficult.* = L'anglais est difficile.

   Pas d'article puisqu'on parle de la langue anglaise en générale.

2. *I like red wine.* = J'aime le vin rouge.

   Pas d'article puisqu'on parle du vin rouge en général.

3. *The salt that is on the table.* = Le sel qui est sur la table.

   On met l'article car on parle bien d'un sel particulier, celui qui est sur la table et non pas du sel en général.

4. *Americans play base ball.* = **Les américains joue au base ball.**

   Pas d'article puisque les Américains sont évoqués dans leur ensemble. C'est une vérité générale.

5. *The English drive on the left.* = **Les anglais conduisent à gauche.**

   C'est une vérité générale et un cas particulier puisque pour les nationalités la terminaison en « Sh » implique l'utilisation de The lorsqu'on évoque un pluriel. C'est donc bien « Les Anglais » en général mais la règle impose « The ».

6. *The wine which is in the fridge.* = **Le vin qui est dans le frigo.**

   On met l'article puisqu'on parle d'un vin particulier, celui qui est dans le frigo.

7. *The dogs are running in the garden.* = **Les chiens courent dans le jardin.**

   On met l'article puisqu'on évoque des chiens en particulier, ceux du jardin.

41. Both

A. « Les deux », « tous les deux »

L'erreur commune *aux locuteurs français* lorsqu'ils *désirent traduire* « ***les deux*** » ou « ***tous les deux*** » est d'utiliser comme *en français le chiffre*.

> *I like* **the two.** = J'aime ***les deux***.

Ce qui est faux.

I like them both/both of them est correct.

En anglais cette formule *se traduit grâce* à Both. Soit on le place *à côté du verbe :*

> *My parents* are both *doctors.* = Mes parents *sont* ***tous les deux*** médecins.

Soit on *le place avant le sujet :*

> Both my parents *are doctors.* = ***Mes deux*** *parents* sont médecins.
> *Our children* both *like skiing.* = Nos enfants *aiment* ***tous les deux*** le ski.
> Both *our children like skiing.* = Nos ***deux*** *enfants* aiment le ski.

B. « À la fois », « Aussi »

« Both…and… » traduit quant à lui « ***a la fois*** » et « ***Et aussi*** » lorsqu'on parle *de deux activités ou caractéristiques d'une personne.*

> *I play* both *the guitar* and *the the violin.* = Je joue de la guitare ***et aussi*** du violon.
> *She is* both *charming and generous.* = Elle est ***à la fois*** charmante et généreuse.

Exercices

1. *I use* .... = J'utilise les deux.
2. .... *rackets are good.* = Les deux raquettes sont bien.
3. *She likes* .... *drama and music.* = Elle aime le théâtre et la musique (à la fois).
4. *I will send you* .... *tickets tomorrow.* = Je t'enverrai les deux tickets demain.

Corrections

1. *I use both of them.* = J'utilise les deux.

   Pas de difficultés, on applique le cours en traduisant les deux par « Both » et non (the two). On traduit (les) avec le pronom Them.

2. *Both rackets are good.* = Les deux raquettes sont bien.

   Pas de difficultés, on applique le cours en traduisant les deux par « Both » et non (The two).

3. *She likes both drama and music.* = Elle aime à la fois le théâtre et la musique.

   Pas de difficultés, on applique le cours en traduisant « À la fois » par Both, sous entendu (les deux).

4. *I will send you both tickets tomorrow.* = Je t'enverrai les deux tickets demain.

   Pas de difficultés, on applique le cours en traduisant les deux par « Both » et non (The two).

42. Comment utiliser At/In/On pour les lieux, dates et heures

A. Pour les adresses

On utilisera At (au) devant ***les numéros de maison.***

He lives at number **41.** = Il habite au numéro ***41.***

On utilisera In pour les noms ***de rues, de villes, de régions.***

He lives in **Baker street.** = Il habite ***Baker street.***

Dans ce cas on ne met rien en français) car en ***anglais il vit « dans » la rue Baker.***

He lives in (à) **Orléans.** = Il habite à ***Orléans.***

On utilise « In » car l'Anglais ***vit « dans » la ville.***

Attention :

Comme nous l'avons vu au début de ce manuel lorsqu'il *y a un mouvement l'anglais* ne passe plus par In (*ville etc....*) ou at (*pour numéro ou lieu*) mais par To.

Il traduit ainsi le à, au(x), en, chez *du français.*

I am going to Italy. = Je vais en *Italie* (***notion de mouvement***)

Contrairement à :

I live in Italy. = Je vis en *Italie* (***pas de notion de mouvement***).

L'Anglais vit dans un pays : « in ».

Il en est de même pour :

I am going to the cinema. = Je vais au *cinéma.*
I am going to the swimming-pool. = Je vais à la *piscine.*
I am going to the hair-dresser. = Je vais chez le *coiffeur.*

Nous avons bien la traduction de « à, au, chez » en français avec toujours cette ***notion de mouvement.***

On peut remarquer qu'après *chaque lieu l'anglais utilise* « To the » car c'est à chaque fois un ***endroit précis et non l'ensemble des cinémas, coiffeurs, piscines...*** etc. même *si en français « Le » n'est pas traduit.*

On ne dit pas : Je vais *chez le cinéma* même si l'anglais utilise « ***To the*** ».

Nous venons d'en expliquer la raison.

En revanche lorsqu'il n'y a ***pas de notion de mouvement mais qu'on est déjà sur place*** dans le lieu, *l'anglais utilisera* « At » pour traduire à, au(x), en, chez.

> *I am at the* cinema. = Je suis au *cinéma.*
> *I am at the* swimming-pool. = Je suis à la *piscine.*
> *I am at the* hair-dresser. = Je *suis* chez le *coiffeur.*

Nous retrouvons *la notion d'endroit particulier et précis* avec « At the… » tout comme *précédemment avec « To the ».*

Nous pouvons résumer cette règle comme suit :

→ *To go* to = *Aller* à, au(x), chez. ***Notion de mouvement***
To be at = être à, au(x), chez. ***Notion de présence.***

B. At, In, On pour les heures, dates etc.

On utilise At ***avec les heures*** (ex : rendez-vous, événements).

> *At* six = À *6 heures…*

On utilise At pour ***les moments précis de l'année*** (ex : fêtes)

> *At* **Christmas** = À ***Noël.***
> *At* **Easter** = À ***Pâques.***
> *At* **the weekend** = À ou au ***week end.***

On utilisera « In » pour activer ***les différentes parties de la journée.***

> *In the* morning = Le *matin.*
> *In the* afternoon = *L'après-midi.*
> *In the* evening = Le *soir.*

Mais en revanche « at night » lorsqu'on ***évoque la nuit.*** (*dans la nuit*) dans le sens *au cours de…* puisque ***contrairement à la journée, la nuit n'est pas fractionnée en plusieurs parties.***

On utilisera In ***avec les mois, les années, les siècles.***

> *In* july = En *juillet.*
> *In* 1945 = En *1945.*
> *In* the 19th century = Au *19e siècle.*

En revanche on utilisera « on » avec ***les dates précises comportant des jours et des mois.***

> *He died on* April 7th. = Il est mort le…
> *She arrived on monday.* = Elle est arrivée lundi.

On utilisera « On » pour traduire « le » avec *les jours lorsqu'on traduit l'habitude ou le jour qui vient.*

> *On Tuesday* = Mardi (*prochain*) dans son *aspect unique.*
> *On Tuesdays* = Le mardi (*en général*) dans son *aspect habituel.*

43. Comment traduire « Il faut »

Le locuteur *français rencontre fréquemment des difficultés* lorsqu'il doit traduire « ***Il faut que*** » car *en anglais* « ***falloir*** » n'existe pas, *c'est là qu'est située l'erreur.*

Le plus simple est de traduire « il faut » par Must.

We must leave at 4. = Il faut que nous partions à 4 heures.
You must understand. = Il faut que tu comprennes…

En fait *« **il faut** »* est tout *simplement une variante de :* ***je dois, tu dois, on doit etc.*** qui n'est pas possible car « ***falloir*** » n'existe *pas en anglais*, on passe donc *par le modal exprimant l'obligation en anglais* « Must »

L'autre façon de traduire *« **falloir/il faut** »* est de détourner *To Need : avoir besoin* de son sens premier en anglais.

You need to *be brave.* = Il ***faut*** du courage (*dans le sens* avoir besoin*)*.

Ou de passer *par To Take : prendre* à la troisième personne « *it* » puisqu'en fait « *il* » dans ***ce cas n'existe pas, ce n'est pas une personne***.

It takes *2 hours to go there.* = Il *faut* deux heures pour y aller.

En fait *« cela prend »* est la *traduction littérale*.

Exercices

1. *You .... (To work) more.* = Il faut que tu travailles plus.
2. *I .... (To listen) carefully.* = Il faut que j'écoute attentivement.
3. *He .... (To run) every day.* = Il faut qu'il courre tous les jours.
4. *They .... (To come) at five pm.* = Il faut qu'ils viennent à 17 h.

Corrections

1. *You must work more.* = Il faut que tu travailles plus.

   Pas de difficultés, on traduit « Il faut » par Must le verbe est à l'infinitif sans To. On introduit la phrase par « Il faut que », vient ensuite le sujet.

2. *I must listen carefully.* = Il faut que j'écoute attentivement.

   Pas de difficultés, on traduit « Il faut que » par Must, le verbe est à l'infinitif sans To. On introduit la phrase par « Il faut que », vient ensuite le sujet.

3. ***He must run every day.* = Il faut qu'il courre tous les jours.**

   Pas de difficultés, on traduit « Il faut que » par Must, le verbe est à l'infinitif sans To. On introduit la phrase par « Il faut que », vient ensuite le sujet.

4. ***They must come at five pm.* = Il faut qu'ils viennent à 17 h.**

   Pas de difficultés, on traduit « Il faut que », par Must, le verbe est à l'infinitif sans To. On introduit la phrase par « Il faut que » vient ensuite le sujet.

44. Le pluriel

Le pluriel des mots en *anglais se traduit en général par un « s »*. C'est le cas de la majeure partie ***des mots dénombrables*** (***que l'on peut compter***).

Book → books.
Spoon → spoons.
Ball → balls.
etc.

Il existe néanmoins ***des classes de mots particulières***.

A. Les mots se terminant au singulier par « s, sh, o, ch et x »

Ils prendront « es » à la terminaison pluriel.

Sox = Soxes/Sock et socks en anglais britannique.
Watch = Watches.
Bus = Buses.
Tomato = Tomatoes.

B. Les mots se terminant par « f » ou « fe » au singulier

Ils changeront pour « ves » au pluriel.

Wife = Wives.
Thief = Thieves.
Leaf = Leaves.
Loaf = Loaves.
Knife = Knives.
Half = Halves.
Wolf = Wolves.

Il y a quelques exceptions comme *Roof/Roofs, Cliff/Cliffs, Chief/Chiefs.*

Quant aux mots comme *Fish, Sheep, ,Deer*, ils ne prennent pas de « s », *ils sont invariables et ne prennent donc pas la marque du pluriel.*

Quelques exemples de ***mots pluriels irréguliers (dont la terminaison change totalement)***.

Man/Men.
Woman/Women.
Tooth/Teeth.
Foot/Feet.
Mouse/Mice.
Child/Children.

45. Prépositions et verbes

En français il est *très fréquent qu'un verbe soit suivi d'une préposition* comme par exemple « Parler *avec*, Regarder *par*, Demander *à* »

Les verbes ***anglais n'échappent pas à la règle bien qu'elle diffère***. Il suffit juste d'apprendre ces listes par cœur.

A. Verbes suivis d'une préposition

- To Think about : *Penser à*
- To Be good or bad at : *Être bon ou mauvais en/à*
- To Laugh at : *Se moquer de*
- To Borrow from : *Emprunter à*
- To Steal from : *Voler à*
- To Take from : *Prendre à*
- To Suffer from : *Souffrir de*
- To Hide from : *Se cacher*
- To Escape from : *S'échapper de*
- Dressed in : *Habillé de/en*
- To Be interested in : *S'intéresser à*
- Interested in : *Intéressé par*
- To Participate in : *Participer à*
- To Succeed in : *Réussir à*
- Made of : *Fait de…*
- To Translate into : *Traduire en*
- To Live on : *Vivre de*
- To Depend on : *Dépendre de*
- To Spend money on : *Dépenser de l'argent pour/en*
- To Be kind(gentil) nice/polite (poli, sympa)To… *envers ou avec*
- To Be happy with : *Être heureux de*
- To Be pleased with : *Être content de*
- To Be satisfied with : *Être satisfait de…*

- To Cover with : *Être couvert de*
- To Fill with : *Remplir de*

B. Principaux verbes anglais

- To Look at : *Regarder* (qui ou quoi)
- To Look for : *Chercher* ou *rechercher*
- To Ask for : *Demander* (pour un objet)
- To Wait for : *Attendre* (qui ou quoi)
- To Remind of : *Se rappeler de*
- To Listen to : *Écouter* (qui ou quoi)
- To Pay for : *Payer* (pour)
- To Talk/speak to : *Parler à* (dans le sens avec), with est impossible.

Évidemment, *« qui/quoi/avec »*, ne se *traduit pas mais l'Anglais* ***regarde*** « ***qui ou quoi (at)*** » ***écoute « qui ou quoi », parle « à » et non « avec »***.

Voilà la raison des *prépositions en anglais même si on ne les traduit pas.*

> *I am listening to the radio.* = Je suis en train d'écouter (quoi/to) la radio.

C. Les verbes n'étant pas associés à une préposition

- To answer a question : *Répondre à une question*
- To ask : *Demander à*
- To enter a room : *Entrer dans une pièce*
- To lack : *Manquer de…*
- To play : *Jouer de, à , au*
- To remember : *Se souvenir de…*

D. Préposition en début de phrase ou d'expression

By

By bicycle/bus/train/plane et ***tous les moyens de locomotion*** : « par/en » etc. en français.

- **In**

  - In the countryside : *à la campagne*
  - In the sun : *au soleil*
  - In the rain/snow : *Sous la pluie/la neige* et non « Under »

- **On**

  - On foot : *à pied*
  - On holiday : *en vacances*
  - On a bus/train etc. *dans un bus, un train*
  - On tv : *à la télé*
  - On the radio : *à la radio*

E. Les verbes composés de « s' »

Certains ***verbes français dit « pronominaux », étant composés de « s' » ont une forme tout à fait normale en anglais***.

Voici la liste :

- To notice : *S'apercevoir*
- To stop : *S'arrêter*
- To fight : *Se battre*
- To get dressed/dress : *S'habiller*
- To hide : *Se cacher*
- To wash : *Se laver*
- To concentrate : *Se concentrer*
- To shave : *Se raser*
- To decide : *Se décider*
- To meet : *Se rencontrer*
- To wonder : *Se demander*
- To feel : *Se sentir*
- To hurry : *Se dépêcher*
- To remember : *Se souvenir de*

46. Some et Any

C'est un des *aspects le plus flou de la langue anglaise* pour le ***locuteur français***. Comment, quand utiliser « Some et Any ».

A. Fonctions principales

Dans son cas le plus général « Some » est utilisé ***dans les phrases affirmatives*** pour traduire « du, de, des, de la »

He bought some books. = Il a acheté des livres.
He bought some bread. = Il a acheté du pain.

Même si dans la *phrase affirmative la traduction* de « du, de, des, etc. » par « Some » ***n'est pas obligatoire***.

He bought books. = Il *a acheté des livres.*

Cette phrase est *tout à fait recevable grammaticalement, tout comme l'est :*

He bought bread. = Il a acheté *du pain.*

La traduction ou non traduction de « Some » dans *la phrase affirmative* n'est donc pas *une faute.* On peut aller plus loin en arguant que « some » sert en fait *de dénombreur pour des situations ne comportant pas de nombres précis.*

C'est la même chose en français lorsqu'on utilise « de, du, des ». De cette façon une phrase ***ne comportant ni nombre/quantité devient recevable.***

Some fonctionne aussi avec des *noms singuliers indénombrables évoquant une certaine quantité de/un certain nombre de*

Dans la phrase ***négative*** « Some » est *remplacé par* « Any » pour *la traduction* de « Des, de , du… ».

C'est la même chose que *dans la phrase affirmative,* ici « Any » sert ***de dénombreur.***

He didn't buy any books. = Il n'a pas acheté de livres.

En général « Any » est *présent comme dénombreur pluriel dans les négations et questions des formules* « To have got » et « there are » mais aussi dans les *phrases comportant un doute, une supposition.*

Nous avons déjà expliqué ces formules dans la partie Conjugaison de ce manuel mais reprenons l'exemple.

He hasn't got any friends. = Il n'a pas d'amis.

Ici « any » traduit le « d' » du français qui sert *de dénombreur. (sens négatif)*

> *There aren't any cars.* = Il n'y a pas de voitures.

Ici « any » traduit le « de » du français qui sert *de dénombreur. (sens négatif)*

> *Has he got any friends?* = Est-ce qu'il a des amis ?

Any remplace « Some » dans la *question plurielle.*

> *Are there any cars?* = Y a-t-il des voitures ?

Any remplace « Some » dans la *question plurielle.*

Dans une phrase ***affirmative dont le sens est négatif***, l'anglais utilisera « Any » plutôt que « Some »

> *He tried to make a cake without any eggs.* = Il a essayé de faire un gâteau sans œufs.

Il y a bien ***un aspect négatif concernant la « non utilisation » des œufs dans cette phrase pourtant affirmative***.

Dans une *question à sens affirmatif l'anglais utilisera* « Some »

> *Would you like some tea?* = Prendrez-vous du thé ?

En fait on peut considérer que c'est un *cas particulier ne convenant qu'à cette phrase, peu importe la proposition.*

L'important est de se rappeler que « Some/Any » ne ***s'utilisent qu'avec des quantités/sommes/nombres vagues***. Ce sont des ***dénombreurs remplaçant les chiffres, qui eux, sont précis***. Que la phrase soit *une question, négation, affirmation.*

« Any » a la plupart *du temps un sens négatif.*

B. Les composés

- Somebody : *Quelqu'un*
- Nobody/No-one : *Personne*
- Somewhere : *Quelque part*
- Someone : *Quelqu'un*
- Something : *Quelque chose*
- Everything : *Tout*
- Not… anything : *Ne… rien*

> *I didn't see* anything. = Je *n'*ai *rien* vu.

On peut aussi utiliser « *Nothing* » mais *sans Not…*

- Not… anywhere : *Nulle part*

  We can't find him anywhere. = On ne le *trouve nulle part.*

  On peut aussi utiliser « *Nowhere* » mais *sans Not…*

- Not… anybody : *ne… personne.*

  Don't speak to anybody. = Ne parles à *personne…*

  On peut aussi utiliser « *Nobody* » mais *sans Not…*

C. Variantes

Any dans son sens : *N'importe quel.*

You can come at any time. = Tu peux venir à *n'importe quelle* heure.
Any day will suit me. = *N'importe quel* jour me conviendra.

47. Let's

Cette formule est *utile car elle permet de traduire* le « Ons » d'un verbe.

L'équivalent *en anglais de la terminaison* « Ons » du verbe français s'obtient par la formule.

Elle s'emploie pour les suggestions, les propositions.

→ Let's + verbe à l'infinitif sans To

Let's sing. = Chantons.
Let's walk. = Marchons.
Let's talk. = Parlons.

C'est la formule « ***Let's go*** » si souvent *utilisée par les Français* : « **Allons-y** ».

48. Keep + verbe en Ing

Ici « Keep » ne garde pas *son sens habituel* « To keep / Garder » mais prend le sens de « ***continuer à*** » ***dans le sens régularité/motivation etc.***

Keep trying. = Continue d'essayer.
Keep walking. = Continue de marcher.
Keep working. = Continue à travailler.

Avec « *Smiling* » en revanche, « ***To keep*** » retrouve son sens de « ***garder*** » en français.

Keep smiling. = *Garde le sourire*…plus que « *Continue de sourire* » qui ***ne convient pas en français***.

Dans ce *cas cette formule peut être comparée* elle aussi à l'impératif bien qu'en réalité *elle fonctionne et garde tous son sens conjuguée dans une phrase.*

He kept driving in spite of the bad weather. = Il continua à conduire en dépit du mauvais temps…
He keeps working every day Il continue à travailler tous les jours.

Exercices

1. *Continue à chanter.* = ...
2. *Continue à écouter.* = ...
3. *Continue à conduire.* = ...

Corrections

1. *Keep singing.* = Continue à chanter.

   Pas de difficultés, on applique la formule.

2. *Keep listening.* = Continue à écouter.

   Pas de difficultés, on applique la formule.

3. *Keep driving.* = Continue à conduire.

   Pas de difficultés, on applique la formule.

49. To be cold, etc.

Il y a une *grande différence entre le français et l'anglais* concernant la ***traduction d'avoir froid/faim etc.***

Très souvent lorsque nous sommes sur l'*auxiliaire « **avoir** »* l'*Anglais* lui est sur *l'auxiliaire* « **être** ».

Une nouvelle fois *il ne faut pas penser en français* car la faute et le non *sens pour un Anglais est assuré.* Il faut ***respecter ce que l'Anglais utilise lui.***

> *To Be cold* = « ***avoir et faire froid*** » **en français.**

Ne surtout pas traduire par « ***To have cold et To do cold*** » comme ont tendance *à la faire les Français ne s'appuyant pas sur la règle anglaise* mais désirant continuer à traduire en calquant *sur le français…*

J'ai froid : « auxiliaire avoir en français »

I am cold : « auxiliaire être en anglais » car on traduit bien à partir ***de To Be cold : être froid***.

En ce qui concerne « ***faire froid*** » c'est la même chose : To Be cold.

> *It is cold.* = Il fait froid.

Comme en français « ***il*** » est le seul sujet possible avec « ***faire froid*** ».

On remarque *qu'en anglais on passe évidemment par* « ***It*** » pour traduire « ***il*** » car « ***il*** fait froid » *n'est pas un sujet humain.*

> *To Be hot* = avoir/faire chaud → *I am hot.*
> *To Be Hungry* = avoir faim → *I am hungry.*
> *To Be thirsty* = avoir soif → *I am thirsty.*
> *To Be afraid of* = avoir peur → *I am afraid of.*

Et non I ***have*** hungry, hot, etc.

> *To Be right* = avoir raison → *I am right.*
> *To Be wrong* = avoir tort → *I am wrong.*
> *To Be sleepy* = avoir sommeil → *I am sleepy.*
> *To Be 12* = avoir 12 ans etc.… → *I am 12.*

Exercices

1. Il a froid. = *He* .... *cold.*
2. Tu as faim. = *You* .... *hungry.*
3. Elle a tort. = *She* .... *wrong.*
4. Ils ont soif. = *They* .... *thirsty.*

Corrections

1. *He is cold.* = Il a froid.

   Attention à ne pas penser en français, nous sommes sur l'auxiliaire avoir (To Have) quand l'anglais est sur l'auxiliaire être (To Be /is).

2. *You are hungry.* = Tu as faim.

   Attention à ne pas penser en français, nous sommes sur l'auxiliaire avoir (To Have) quand l'anglais est sur l'auxiliaire être (To Be/are).

3. *She is wrong.* = Elle a tort.

   Attention à ne pas penser en français, nous sommes sur l'auxiliaire avoir (To Have) quand l'Anglais est sur l'auxiliaire être (To Be/is).

4. *They are thirsty.* = Ils ont soif.

   Attention à ne pas penser en français, nous sommes sur l'auxiliaire avoir (To Have) quand l'anglais est sur l'auxiliaire être (To Be/are).

50. To have + ... (Prendre)

Il en va *de même pour la traduction* de « Prendre un bain/un verre/une douche » etc.... du ***français vers l'anglais***.

Comme ci-dessus, *si le Français pense dans sa langue pour traduire « Prendre... »* il y aura ***non sens dans l'autre système linguistique anglais***.

Quand nous sommes sur *« prendre »* l'Anglais lui est sur « *To have* » et non *To take*.

Donc pour traduire « prendre *une douche* » l'Anglais utilisera « To have *a shower* ».

> *Can I have* a shower? = Est ce que je peux prendre *une douche* ? ***est correct***.
> *Can I* take *a shower?* ***est impossible***.

Pour l'anglais ***vous prendriez littéralement la douche pour partir avec***... Pour *un anglais*, il est *impossible de prendre une douche... dans le sens* « ***être sous l'eau*** ». Ça n'a *pas de sens*.

Il est tout à fait possible *de rencontrer cette forme avec un temps progressif* en ***To Be + verbe en « Ing »*** puisque ***l'anglais n'est plus*** sur l'*auxiliaire* « ***avoir*** » dans *son sens premier*.

Donc :

> *I* **am having** *a shower.* = ***Je suis en train de prendre*** une douche.

C'est bien le présent progressif, pourtant nous avons ***To Have et To Be*** dans *la même forme grammaticale*.

> *To have a bath* = Prendre un bain.
> *To have a drink* = Prendre un verre.
> *To have breakfast* = Prendre le petit déjeuner.
> *To have lunch/dinner* = Déjeuner et dîner.
> *To have a break* = Prendre une pause.

Exercices

1. *He .... diner.* = Il est en train de dîner.
2. *I .... a drink with a friend.* = Je suis en train de prendre un verre avec un ami.
3. *We .... fun.* = Nous passons un bon moment.
4. *She .... a bath.* = Elle est en train de prendre un bain.

Corrections

1. *He is having dinner.* = Il est en train de dîner.

   Attention c'est bien un présent progressif malgré la forme To Have + dîner... On applique donc To Be (is) + To have en Ing.

2. *I am having a drink with a friend.* = Je suis en train de prendre un verre avec un ami.

   Attention, c'est bien un présent progressif malgré la forme To have + a drink... On applique donc To Be (am) + To have en Ing.

3. *We are having fun.* = Nous passons un bon moment.

   Attention, c'est bien un présent progressif malgré la forme To Have + fun... On applique donc To Be (Are) + To have en Ing.

4. *She is having a bath.* = Elle est en train de prendre un bain.

   Attention, c'est bien un présent progressif malgré la forme To have + a bath... On applique donc To Be (is) + to have en Ing.

   Pour les questions et négation il suffit d'utiliser l'auxiliaire du temps choisi.

   - *Is she having a bath?* = Est-ce qu'elle prend un bain ?

   C'est une question au présent progressif, on respecte la formule de la question auxiliaire (To Be/is) + sujet + verbe en Ing, ici To Have.

   - *She is not having a bath.* = Elle n'est pas en train de prendre un bain.

   C'est une négation au présent progressif, on respecte la formule sujet + auxiliaire (To Be/is) + not + verbe en « Ing », ici To Have.

51. Utilisation de « To look forward to »

L'anglais utilise cette formule ***pour traduire l'envie/l'excitation***. On peut *la traduire littéralement* par « ***avoir hâte de*** ».

Cette *expression se conjugue* au présent progressif puisque ***cette sensation s'exprime sur le moment*** ou au preterit progressif lorsqu'on ***raconte*** à l'imparfait.

> *I am looking forward to playing tennis.* = J'ai hâte de jouer au tennis.

Il ne faut pas *chercher à traduire* « ***avoir*** » car il *n'apparaît pas dans la formule* « To look forward to ».

C'est la même chose qu'avec « ***To need*** » « ***avoir besoin*** », on ne traduit pas « ***avoir*** »

Il est ***important de noter que le verbe qui suit la formule*** est au « gérondif » malgré la présence du « ***To*** » à la fin de « To look forward To » qui pousserait *naturellement le Français à mettre le verbe qui suit à l'infinitif et non pas au gérondif.*

> *He is looking forward to seeing you.* = Il a hâte de te voir.
> *Non pas* **He is looking forward to see you.**

L'anglais considère *que le verbe qui suit est un verbe d'action* donc conjugué au gérondif pour appuyer ***sur le sens « Activité de »***

Exercices

1. *I .... to playing tennis.* = J'ai hâte de jouer au tennis.
2. *She .... to driving her new car.* = Elle a hâte de conduire sa nouvelle voiture.
3. *They .... to riding their motorbike.* = Ils avaient hâte de faire de la moto.
4. *You .... to playing in a band.* = Tu avais hâte de jouer dans un groupe.

Corrections

1. *I am looking forward to playing tennis.* = **J'ai hâte de jouer au tennis.**

   On applique le cours et la règle, c'est un présent progressif sur le verbe To look forward. To look prend le progressif.

2. *She is looking forward to driving her new car.* = **Elle a hâte de conduire sa nouvelle voiture.**

   On applique le cours et la règle, c'est un présent progressif appliqué à « To look forward to ». To look prend le progressif.

3. *They were looking forward to riding their motorbike.* = **Ils avaient hâte de conduire leur moto.**

   On applique le cours et la règle. Attention c'est un preterit progressif (was/were + Ing) sur le verbe To look forward to.

4. *You were looking forward to playing in a band.* = **Tu avais hâte de jouer dans un groupe.**

   On applique le cours et la règle. Attention c'est un preterit progressif (was/were + Ing) sur le verbe To look forward to.

52. Méthode générale

Nous avons pu nous rendre compte tout au long de la *méthode de l'importance des « Marqueurs de temps » dans la langue anglaise.*

Voici la méthode générale à suivre à tous les temps.

Prenons pour exemple le ***présent simple.***

Se demander à quel temps est la phrase en anglais

Pour ce faire, on regarde le temps en français et le marqueur utilisé.

> Il court souvent.

Présent et adverbe de fréquence « souvent ». C'est un présent simple.

> *He often dances.*

Au présent simple dans la phrase affirmative il suffit d'ajouter un « S » à la fin du verbe lorsque nous sommes en présence d'un sujet de la 3e personne du singulier (he, she, it).

Est-ce une question ?

Si oui, et une fois le présent simple identifié, on respecte la formule du temps.

→ Auxiliaire + sujet + verbe
Do/Does + sujet + verbe infinitif sans To.

> *Does he often dance?* = Est-ce qu'il danse souvent ?

Est-ce une négation ?

Si oui, et une fois le présent simple identifié, on respecte la formule du temps.

→ Sujet + auxiliaire + not + verbe
He + does + not + verbe à l'infinitif sans To.

> *He doesn't often dance.* = Il ne danse pas souvent.

Cette méthode sert *de guide et de fil conducteur de votre raisonnement* afin de ***posséder des repères.*** Une fois les *temps et les marqueurs* acquis, tout ceci s'apparente à des gammes que répète et joue un pianiste, un sportif etc.

53. Futur proche/Futur simple

Il est important de bien différencier le futur proche et le futur simple.

Comme nous l'avons déjà vu le futur proche a une valeur de présent en français.

- *I am going to Italy next year.* = Je vais en Italie l'année prochaine.

Nous avons utilisé en anglais la formule « To be going to » vu précédemment.

Il est intéressant de remarquer que bien qu'ayant utilisé en français le futur proche, nous avons choisi comme marqueur futur « l'année prochaine ».

Il est clair que « l'année prochaine » ne peut figurer parmi les marqueurs du futur… proche.

Cela signifie donc que l'appellation de futur proche est erronée en français. Nous aurions pu utiliser comme marqueur (dans 2, 3, 4 ans) qui sont encore bien plus éloignés dans le temps.

En fait la différence entre le futur proche et le futur simple se situe autour de la notion de projet ou de décision.

On utilisera le futur simple en évoquant un projet.

- *I will buy a car.* = J'achèterai une voiture (ce qui est bel et bien du domaine du projet) donc futur simple.

On utilisera le futur (proche) lorsque c'est décidé.

- *I am going to buy a car next year.* = Je vais acheter une voiture l'année prochaine (c'est décidé).

Voilà pourquoi en anglais To be going To (aller au futur proche français) se forme à partir d'une base au présent progressif (To be + Ing) afin de renforcer l'aspect décisionnel pris sur le moment, donc décidé, à l'instant où on l'évoque.

Le futur simple lui ne peut pas traduire cet aspect.

Il est donc utilisé pour exprimer un projet. La différence entre le futur proche et le futur simple se situe à ce niveau.

Table des matières

Cet ouvrage a été achevé d'imprimer en juillet 2015
dans les ateliers de Normandie Roto Impression s.a.s.
61250 Lonrai (Orne)
N° d'impression : 1502579
Dépôt légal : juillet 2015

Imprimé en France